독자가 있는 글쓰기

독자가 있는 글쓰기

초판 1쇄 발행 2023년 9월 30일

지은이 이은주

펴낸곳 도서출판 설렘
주소 18526 경기도 화성시 팔탄면 아랫사내길9번길 20-3
도서주문 031-293-0833
이메일 cheonganbook@naver.com

값 16,000원 ⓒ 이은주, 2023
ISBN 979-11-982677-5-7

이 책은 저작권법에 의해서 보호를 받는 저작물이므로
무단 전재와 복제를 금합니다.

잘못 만들어진 책은 구입한 곳에서 교환해 드립니다.

독자가 있는 글쓰기

저자 서문

　이상한 이야기처럼 들리겠지만, 나는 내가 졸업한 국어국문학과 학부에서 다루는 '국문학'이라는 큰 영역보다 대학원에서 전공한 '한문학'이라는 작은 영역이 글쓰기와 더 가깝다고 생각한다.
　처음에 내가 전업으로 글쓰기 강의를 시작했을 때만 해도 나는 내가 공부했던 것을 전혀 써먹을 수 없는 낯선 곳에 던져진 기분이었다. 배워본 적이 없는 내용을 가르쳐야 하는 것은 우리 세대만 겪는 일이 아니라지만, 그것만 문제가 아니었다. 글쓰기에 대해 제대로 배워 본 적이 없다고 해도 글쓰기 강의를 하는 이상 '글쓰기의 전략'을 말해야 하는 상황이 되었는데, 이런 단어들이 나에게는 좀처럼 와 닿지 않았다는 것도 문제였다. 그 당시 나는 멋진 글쓰기와 그렇지 않은 글쓰기는 직관적으로 구분되는 것이라고 믿었고, 또 글쓰기라는 것이 재능이 아니라 교육으로 길러지는 것인가에 대해서도 의구심을 떨쳐내지 못했다. 그런 탓에 나는 앞으로 나아갈 수도, 뒤로 물러날 수도 없는 난감한 마음으로 꾸역꾸역 교재를 연구하고 수업을 준비하고 과제를 첨삭했다. 문학도인 내가 비문학적인 글을 보는 일이 주업이라니, 정말 심란했다.

  내가 학위논문을 쓸 때부터 계속 관심을 가진 분야는 지역 문학이었는데 그렇다고 그것만 하고 있을 수도 없었다. 특히 학위를 받았음에도 내 전공 영역에 대해 알고 있는 게 거의 없다는 자괴감이 들 무렵 연구서(또는 연구서에 가까운)를 공역해서 출판하기 시작했다. 그즈음에 나온 번역서 중 하나가 『중국 산문사』였다. 한문학 연구자에게 필수 지식인 한문학 장르의 탄생과 변천을 이해할 수 있을까 해서 이 책을 읽기 시작했지만 마지막 페이지까지 읽었을 때는 의외로 '한문학' 자체에 대해 새롭게 깨달은 느낌이었다.

'문학도'라는 자의식이 있는 사람에게 전근대 시기의 한문학은 참으로 난감한 대상이다. 현대의 '문학적'인 어떤 것을 한문학 텍스트에서 발견하는 것이 쉽지 않은 일이어서 자주 고전苦戰하게 되기 때문이다. 그런데 당시 사람들이 우리가 생각하는 '문학'을 하려던 것이 아니라 사람들에게 인정받기 위해서 글에 '무엇을' 담을 것인가, 이것을 '어떻게' 표현할 것인가로 고군분투했다는 것을 생각해 보면, 최소한 산문은 문학의 역사라기보다는 글쓰기의 역사라고 할 수 있다. 나는 언어만 다를 뿐 여전히 글쓰기에서 '무엇을' 선택해서 '어떻게' 표현하는가를 보고 있는 셈이다.

전근대 시기의 글쓰기의 주체가 '문학을 담당하는 사람'으로 한정되지 않는 것처럼 지금 글쓰기도 마찬가지이다. 지금 우리의 글쓰기에서 가장 중요한 것도 무엇을 쓸 것이며 이것을 어떤 방식으로 효과적으로 전달할 것인가가 아닌가? 어떻게 해야 예쁜 글을 쓸 것인가가 아니라 내 글을 읽는 사람에게도 가치가 있을 만한 내용이 무엇인가를 고민해서 선별하고 이것을 어떻게 독자가 납득할 수 있게 전달할 수 있을까? 이것은 누구에게든 의미 있고 유용한 문제일 것이다.

  내가 이 책을 쓰기로 마음먹은 이유 중에는 이런 '더딘' 깨달음 외에 현실적인 문제도 있다. 직업이 직업이니만큼 아주 가끔 나는 주변에서 글을 어떻게 써야 하느냐는 질문을 듣는데, 제대로 대답한 적이 거의 없다.(주로 "글쎄?"라고 대답했었다.) 가장 큰 이유는 솔직히 어떻게 대답해야 할지 몰라서였다. 그런 건 글을 정말 잘 쓰는 '작가'만이 대답해 줄 수 있는 것이 아닐까? 나는 글을 잘 쓴다기보다는 글쓰기에 대한 두려움이 크지 않은 쪽에 가까웠는지도 모르겠다.

  그렇지만 이제는 내가 엄청나게 글을 잘 쓰는 사람이 아니라고 해도 어떻게 대답해야 하는지 대충은 알 것 같다. 나에게 그런 걸 묻는 사람은 엄청난 작가나 문필가가 되려고 묻는 게 아니며 그렇게 멋진 대답 자체를 원하지도 않기 때문이다. 글쓰기에 흥미가 있거나 소질이 있다고 생각하는 사람이라면 자기가 좋아하는 작가의 책이나 글을 찾을지언정 어떻게 글을 써야 하느냐고 묻지는 않을 것이다.

  어떻게 글을 써야 하느냐고 묻는 사람들의 목표는 예상

보다 매우 낮다. 우리가 사는 세상에서 글쓰기의 효용도 그럴 것이다. 내가 하고 싶은 말을 그대로 글로 구현하는 것, 그 이상도 그 이하도 아니다. 여기에는 미문美文이 들어설 자리도, 글쓰기의 화려한 스킬이 들어설 자리도 없다. 그렇지만 자신이 전달하려고 하는 메시지를 가감 없이, 또 오해의 여지 없이 제대로 전달하는 것도 쉬운 일은 아니다.

나는 그동안 저서와 번역서를 내면서 '연구자들이라면' 할 만한 고민을 해왔다. 연구서는 직업인으로서의 성과물이지만 주변의 가족, 친지, 친구들은 읽지도 못하고 읽기도 싫은 책들이다. 게다가 나는 연구자이지만 실제로는 학부생들에게 기초교양인 글쓰기를 가르치는 것이 주업이어서 더 외로운 심정이 되었는지도 모르겠다. 지금도 여전히 글은 이렇게 써야 한다고 확신에 차 있는 상태는 아니다. 그저 나는 자기만의 글을 써보고 싶은, 그래서 원 포인트 레슨 정도만 필요한 작가 지망생이 아니라, 글을 어떻게 써야 하는지를 막막해 하는 내 옆의 수줍은 사람들(글에 전혀 관심은 없지만 글을 써야 하는 궁지에 몰린 사람들)과 내가 글쓰기 수업에서 알게 되고 깨달았던 것들, 또 내가 글을 쓰면서 느꼈던 것들을 나누고 싶은 것이다.

　글쓰기 교수자로서도 갈 길이 한참 남았다는 사실을 잘 알고 있다. 또 지금껏 내가 쓴 글에 대해서도 자주 반성을 한다. 그래서 이 책에서는 그동안 내가 썼던 글 중 일부를 가지고 내가 무엇을 고민했는지, 내 나름의 답은 무엇이었는지, 만약 다시 쓸 수만 있다면 어떻게 썼어야 했는지를 돌이켜 보면서 글쓰기 전반에 대해 정리해 보고자 했다. 지금 내가 쓰는 대부분의 글은 논문이나 논문에 준하는 칼럼, 연구자 입장에서 쓴 글이 대부분이라 이 책에 가져온 예문이 적절하고 좋은 예가 되지 못하는 점이 아쉽지만, 그저 이렇게 잠시 멈춰서서 숨을 고른 뒤에 '우리가 함께' 다시 전진할 수 있기를 바랄 뿐이다.

목차

저자 서문

1. 글쓰기 전에 준비할 것은 '모드' 전환

- 글쓰기의 전제는 글 읽기   15
- 사실은 정해진 것도 있다   25
- 상황과 독자와 나   31

2. 독자에게 의미가 있는 주제란?

- 독자가 듣고 싶은 것   41
- 그렇지만 독자가 하기 싫은 것   53
- 독자는 끊임없이 변화한다   61

3. 독자의 시선으로 본 내용 배치

- 어떻게 전달할 것인가   75
- 분량과 분량과 분량과 분량!   88
- 목표 지점을 설정하고 내용을 분류하기   93
- 분류한 내용의 배치와 '내용 전개'   104

4. 그 다음의 이야기

- '보여주기', 공감을 얻는 최선의 전략   135
- '글은 그 사람이다', 글을 바라보는 또 하나의 시선   145

1. 글쓰기 전에 준비할 것은 '모드' 전환

• 글쓰기의 전제는 글 읽기

 만약 글을 쓰면서 고민한 적이 있다면 분명히 글을 잘 쓰고 싶어서였을 것이다. 그렇다면 글을 잘 쓴다는 것, 또는 좋은 글을 쓴다는 것은 무엇일까. 글을 잘 쓰기 위해서 무엇을 써야 할지 고민하고 있다면 일단은 잠시 멈추고 상황을 정리할 필요가 있다. 내가 글을 썼을 때 "글을 잘 썼다", "글이 좋다"고 판단하는 사람은 글을 쓴 나일 수도 있고 내 글을 읽는 타인일 수도 있다. 자기가 쓴 글을 보고 스스로 감탄할 수도 있겠지만, 그래도 다른 사람에게 내 글이 괜찮다는 이야기를 듣기 위해 우리는 글을 잘 쓰려고 노력한다.

특히 글쓰기를 강의하는 입장에 서면 "글을 어떻게 잘 쓸 수 있을까?"도 중요하지만 "어떤 글을 잘 썼다고 평가할 것인가?"라는 약간은 어려운 문제도 고려해야 한다. 예전에 나는 자신의 방학 계획을 쓴 학생 과제물을 보고 난감했던 경험이 있다. 문장 단위에서는 크게 지적할 만한 것도 없었다. 그렇지만 이런 글이 '잘 쓴 글'일까? 당사자가 아닌 한 거의 의미가 없을 이런 글에 대해서는 뭐라고 논평을 해야 하는 것일까? 과제물을 낸 학생에게 뭔가 명확하면서도 납득할 수 있는 피드백을 해야 했기 때문에 그 뒤로 내가 부여하는 모든 과제에서 필수 요건은 '독자에게 의미 있는 글'이 되었다. 그 글은 글 쓴 학생에게는 분명히 의미가 있었을 것이다. 그래도 쓴 사람에게만 의미 있는 글이라면 공개할 필요도 없지 않았을까? 우리는 혼자만 읽을 일기를 쓰기 위해 글을 잘 쓰는 법을 고민하지 않는다. 그 말은 글을 잘 쓰고 싶다는 것은 내 글을 누군가 읽는다는 것을 전제로 한다는 뜻이다.

글쓰기의 시작점은 무엇을 쓸 것이냐가 아니라 내 글

을 읽는 사람이 누구인가를 생각해 보는 것임을 날이 갈수록 더 절감한다. 우리가 쓰는 글은 모두 독자가 있다. 일기의 독자는 나일 것이고 편지의 독자는 받는 사람일 것이다. 어떤 글은 특정한 독자로 한정할 수 있고 어떤 글은 독자가 불특정 다수로 넓어질 수 있다.

과제 피드백이 중심이 되는 글쓰기 수업에서 내가 평가할 수 없다고 판단하는 글쓰기의 종류가 있다. 특정한 독자를 대상으로 하는 글쓰기, 예컨대 누군가에게 쓰는 편지라면 수신자가 아닌 사람들로 구성된 글쓰기 수업에서 그 편지를 어떻게 써야 좋을지 고민해 봐야 소용없다. 내가 누군가에게 편지를 쓴다면 그 사람과의 관계, 그 사람에 대해 알고 있는 것들, 그 사람에게 원하는 것들로 편지 내용과 표현 방식이 정해질 것이다. 또 내가 쓴 이 편지로 받는 사람이 했으면 좋겠다고 생각하는 반응이나 행동이 나와야 글의 목적을 이루었다고 말할 수 있을 것이다. 여기에는 글을 쓴 사람과 그 글을 읽는 사람 외에 제3자가 끼어들 자리가 없다.

같은 이유에서 현실적으로 글쓰기 강좌에서 '가장 배우

고 싶을' 자기소개서를 글쓰기 수업에서 가르칠 수 있는지에 대해 나는 회의적이다. 자기소개서를 안 써 본 사람이 얼마나 될까. 그런 사람들이 행운아라고 느껴질 정도로 자기소개서는 쓸 때마다 힘든 면이 있다. 자기소개서가 언제나 당락과 직결된다고 말할 수 없지만 가끔은 자기소개서만으로 사람을 뽑는 경우도 있어서 자기소개서가 현실적으로 얼마나 중요한지는 누구나 알고 있다. 그래서 자기소개서를 쓰는 일은 늘 괴롭고, 누군가 자기소개서를 잘 쓰는 비결을 알려주기를 고대하게 된다. 그러니 글쓰기 수업에서 자기소개서 쓰는 법을 가르쳐야 한다고 생각할 수도 있다. 그렇지만 어쩌면 '훌륭한' 자기소개서를 쓰는 정답 같은 건 없을지도 모른다. 자기소개서는 '글 잘 쓰는 법'이라는 일반적인 규범이 작동하지 않는 종류의 글일 수 있기 때문이다. 자기소개서의 본질은 자기소개서를 읽은 채용 담당자가 "그 사람은 자기가 무슨 일을 하는지도 모르고 왔더라."라고 하는 한 마디 말에 담겨 있다.

  자기소개서는 멋지게 쓰는 것이 미덕인 글이 아니다. 자기소개서도 특정한 수신자가 있다. 그저 아는 사람에게 보내는 편지와는 달리 자기소개서는 글쓴이가 모르는 누군가가 읽게 될 글을 쓰는 것일 뿐이다. 아마도 자기소개서라면 어떠해야 한다는 것을 어렴풋하게나마 짐작하기 때문에 자기소개서를 둘러싼 한탄들이 나오는 것 같다. 예를 들어 쓰는 사람은 정직하지 못한 '자소설'을 쓰는 것에 자괴감을 느낄 수도 있고 보는 사람은 지원자가 제출한 자기소개서가 천편일률이어서 변별력도 없고 지루하기만 한 글을 읽어야 하는 고충을 토로할 수도 있다.

그래도 자기소개서를 언급하는 이런 말들은 단 한 가지 진실을 담고 있다. 자기소개서는 누군지 알 수 없지만 특정한 수신자를 대상으로 하는 글이므로 그 수신자가 원하는 것을 내가 가지고 있는 것에서 찾아서 내놓는, 곧 '내가 왜 여기에 적합한 사람인가'라는 물음에 대한 일종의 답안이다. '자기소개서'라는 이름으로 뭉뚱그리지만 각각의 자기소개서는 수신자가 다르고 그 수신자가 원하는 것이 다른 만큼 우리가 자기소개서를 쓸 때 주력해서 써야 할 답이 하나만 있는 것은 아닐 것이다. 이런 상황에서 자기소개서를 쓰는 나는 내가 잘 알지 못하는 수신자가 무엇을 원하는지를 최대한 알아내기 위해 노력해야 한다. 그다음에는 내가 가지고 있는 것 중에서 무엇이 그것에 부합하는지를 골라내서 그 점을 어필해야 할 것이다. 합격한 선배에게 가서 묻거나 회사의 신년 인사말이라도 보라는 등의 조언도 경청할 필요가 있다. 결국 수신자에 대한 정보를 최대한 찾으라는 뜻이기 때문이다. 그러니 어느 누구도 자기소개서의 수신자가 아닐 글쓰기 수업에 있는 사람들이 어디에 낼 자기소개서인지도 모를 글에 논평하고 어떤 부분을 고치라고 조언할 문제가 아닌 것이다.

그런데 특정한 수신자가 있는 글과는 달리 일반적으로 우리가 쓰는 글 대부분은 존재도 몰랐던 수많은 사람들이 읽을 수 있다. 그렇다면 글을 쓰는 목적 역시 다수의 사람들이 글을 읽는 목적에 맞춰야 할 것이다. 그리고 불특정 다수를 독자로 생각한다면 그때는 글쓰기 강의의 다른 학생이든 교수자든 독자의 범위에 들어간다.(물론 독자는 이보다 더 많겠지만.) 그러니 그때는 우리가 글쓰기에 대해 이런저런 이야기를 할 수 있을 것이다. 이렇게 언젠가 내 글을 읽을 수도 있는 독자들을 '잠재 독자' 또는 '가상 독자'라고 부르기도 한다. 우리는 그런 사람들은 '불특정 일반인 독자'라고 보지만, 그 사람들은 실체를 알 수 없다.

  실체를 알 수 없다면 상상을 해볼 수밖에 없다. 우선 나 같은 사람일 수 있다. 나는 지금은 글을 쓰고 있지만 다른 때에는 글을 읽는 독자였다. 내가 글쓴이이자 글 읽는 사람이라는 생각을 하는 것은 매우 중요하다. 스스로 독자라고 자각한다면 독자가 만만한 존재가 아니라는 것을 새삼스럽게 깨달을 것이기 때문이다. 우리는 모두 어쩌면 '까다로운' 사람들이다. 우리는 모르는 것도 많지만 아는 것도 많다. 또 나름대로 취향에 대한 자부심도 가지고 있다. 그 말은 내가 글을 쓴다고 할 때 어떤 사람은 내 글을 읽겠지만 어떤 사람은 내 글의 한두 줄을 읽고 나서는 더는 읽지 않을 것이라는 뜻이다. 나는 모든 사람들의 귀염둥이가 아니며 사람들은 대체로 나에게 관심이 없다. 내가 타인을 마냥 귀여워하지 않듯이, 또 특별한 이유가 없다면 타인에게 관심을 가지지 않듯이.

  독자가 나라고 상상할 때의 핵심은 마음가짐의 문제이지 글 쓰는 나와 글 읽는 내가 완전히 똑같다는 뜻이 아니다. 불특정 독자가 알고 있는 것과 관심을 가지는 분야가 나와 똑같을 리가 없다. 물론 우리의 교육제도나 미디어 환경을 생각하면 나의 지식이나 관심사가 아주 특별한 것은 아닐 것이다. 다만 요즘 세상은 과거 어느 때보다도 많은 것들이 세분화되어 있고 우리가 무엇인가를 알거나 좋아할 때 접근할 수 있는 경로가 너무나 많기 때문에 내가 아는 것과 좋아하는 것은 이 세상의 지식으로 본다면 아주 일부이며, 그렇게 본다면 아는 것과 좋아하는 것이 나와 완전히 일치하는 타인은 거의 없다고도 할 수 있다.

이런 망망대해에서 우리는 결단을 내려야 한다. 불특정 일반인은 불명확한 존재이므로 우리는 결국 어느 정도는 범위를 정할 수밖에 없다. 자기 글의 독자를 최대한 늘리고 싶은 사람들은 그야말로 '중2 학생도 읽을 수 있게' 하는 것을 목표로 잡을 것이고 그때는 쉽게 써서 누구라도 읽기 쉽게 쓰려고 노력할 것이다. 수강생이 대학생인 강의에서는 마냥 쉽게 쓰라고 할 수 없고 그것이 미덕도 아니다. 대부분 대학에서 필수과목으로 지정하고 있는 글쓰기 강좌에서는 이 강좌에서 연습한 내용이 다른 강좌의 과제를 작성할 때 도움이 되기를 바라는 마음도 있고 대학의 여러 강좌는 본질적으로 끊임없는 학습의 과정이라고 생각하기 때문에 조금 더 '수준 높은' 가상 독자를 설정하게 된다.

예를 들어 수강생이 신입생인 강좌라면 내 경우에는 불특정 일반인 독자를 성인이면서 비전공자 정도로 설정하기를 권하는데 때때로 거기에 '대학교 2학년 이상의 학생'이라는 조건을 덧붙이기도 한다. 이런 조건을 덧붙이면 이 사안에 대해 자기보다 더 많이 아는 누군가가 읽을지도 모른다는 생각 때문에 글을 쓰기 전에 자료를 더 찾고 더 열심히 생각하는 경향이 있다.

다시 자기소개서를 쓰는 문제로 돌아가 보자. 어쩌면 우리가 모르는 누군가가 내가 쓴 자기소개서를 읽으면서 나를 판단한다는 것을 알기 때문에 '자소설'이 범람하고 자기소개서는 '천편일률'이 되는지도 모르겠다. 이것을 정답의 문제라고 생각하는 것도 나쁘지 않다. 자기소개서의 내용은 분명히 원하는 어떤 것에 답하는 측면이 있다. 다만 어떤 과정을 거쳐 '자소설'을 쓰게 될까를 더듬어 보면 더 생각해 볼 일들이 있다. 나는 성공 사례를 보고 마치 정답이라고 생각해서 최대한 그 비슷하게 쓰고 싶기 때문에 허구를 섞어서 '자소설'을 쓰게 되는데, 그 성공 사례는 나만 가지고 있는 것이 아니다. 나와 같은 상황에 처한 사람들도 그런 성공 사례를 구해서 읽고 비슷하게 맞추려고 할 것이다. 무엇보다 나의 자기소개서를 읽을 사람이 내가 참고로 했던 그 글을 이미 읽었을 가능성도 높다. 이제 이것은 자기소개서가 어떤 글이며 어떤 요소에 맞춰야 하는가의 차원을 뛰어넘는다. 어떤 모범을 참고해서 사람들이 거의 비슷하게 쓰기 때문에 그 비슷비슷한 글을 보는 독자인 (채용) 담당자는 이미 약간은 질린 상태가 되었을 것이다.

 독자를 염두에 둔다는 것은 독자가 어떤 사람인지도 생각해야 하지만 여기에 독자가 어떤 상황에 있는지도 고려해야 한다는 뜻이다. 독자의 상황을 구체적으로 상상하기 시작할 때 우리는 글쓰기의 진짜 첫 단계에 들어선 것일지도 모른다.

· 사실은 정해진 것도 있다

 장르문학을 쓰고 싶다면 일단 어떤 일을 해야 하는지 우리는 알고 있다. 장르문학을 쓰려면 내가 쓰려고 하는 것과 가장 흡사한 장르의 작품들을 최대한 읽어야 한다. 장르 문법이라고 하는 관습적 글쓰기 방식을 알아야 하기 때문이다. 그러다가 나도 모르는 사이에 표절하게 되면 어떡하나 싶겠지만 아예 많이 읽는다면 특정한 작품이 아니라 장르 전반의 패턴에 대해 감을 잡을 수 있을 것이다.
 사실 나는 글을 쓴다면 반드시 이런 과정을 밟아야 한다고 생각한다. 서평을 쓰고 싶다면 서평을 여러 편 읽어야 한다. 기행문을 쓰고 싶다면 기행문을 여러 편 읽어야 한다. 이것은 다른 사람이 쓴 글을 베끼라는 뜻도 아니고 글 쓰는 사람의 독창성을 억누르겠다는 것도 아니다. 내가 말하고 싶은 것은 우리가 쓰는 글은 일반적으로도, 또 글쓰기 종류로 봤을 때도 나름의 관습이나 관행이 있다는 것이다. 우리가 많은 사람들이 쓰는 관행이나 관습들을 무시하고 글을 쓴다면 그 글은 독창적인 것이 아니라 자기 멋대로 쓴 글일 뿐이다. 내가 쓴 글을 볼 독자들은 태어나서 내 글을 통해 처음이자 마지막으로 '글이라는 것'을 보는 사람들이 아니다. 이미 여러 차례 글을 써왔고 그보다 훨씬 더 많이 다른 사람들의 글을 읽어왔다. 우리는 어떤 글들은 종류에 따라 또는 종류를 넘어서서 대체로 비슷하거나 다른 점이 있다는 것을 알고 있다. 현실에서 글쓰기는 아름다운 글쓰기를 뽐내는 장이 아니라 결국 의사소통을 하기 위한 수단일 뿐이다.

그래서 일단은 뭔가를 썼다면 현실에서 발견할 수 있는지를 먼저 확인할 필요가 있다. 언어라는 것은 정답이 있고 없고의 문제가 아니며 사람들의 암묵적인 약속과 관습이 강하게 작용하는데, 글쓰기도 본질적으로 그런 속성을 가지고 있다. 내가 무엇인가를 선택했을 때 확신이 없다면 일차적으로는 현실에서 그런 관행이 있는지를 확인하는 것이 중요하다.

우리가 전업 작가가 아닌 한 우리가 글을 쓸 때에는 아름다운 글을 써서 사람들에게 감동을 주려는 것이 주목적이 될 수 없다.(그럴 수 있다면 물론 좋다.) 멋진 글이라고 칭찬받으면 좋겠지만 그것도 원래 목적은 아니었다. 내 글의 일차적인 목적은 내가 쓰려고 했던 내용을 제대로 전달해서 독자가 쉽게 그 내용을 이해하는 것이다. 내 글에 공감하거나 동의한다면 좋을 것이다. 그러므로 현실의 관행에 맞추는 것은 매우 중요하다. 독자들도 그런 관행에 익숙하기 때문이다.

그런 점에서 사람들이 지금 어떤 글을 쓰고 있는지를 최대한 찾아보는 것이 중요하다. 그럴 때에도 유의할 점이 있다. 첫 번째는 우리가 대학에서 수업시간에 제시한 요건을 맞추게 하기 위해 쓰는 글쓰기 중 몇몇은 실제로 현실에서의 관행과는 잘 맞지 않을 수도 있다는 것이다. 나도 어떤 경우에는 특정한 부분만 고려할 때가 있다. 어떤 경우에는 개요 짜기(보통 글쓰기 수업에서는 '목차'를 가리킨다.)에 역점을 둘 때도 있고, 어떤 시간에는 인용 방식에 초점을 두어 연습해야 할 때도 있다. 그래서 학생들은 때때로 주석이 있는 서평을 쓰기도 하고 어떤 과제물은 상당히 짧은 글인데도 목차를 작성하게 될 때도 있다. 그렇지만 일반적으로 서평을 쓸 때 주석을 다는 일도 없고 짧은 분량의 글에 목차를 다는 경우도 없다. 주석 작성의 취지가 서평이라는 글의 종류와는 부합하지 않기 때문이며, 개요(목차) 역시 요약한다는 성격 때문에 일정한 분량 이상의 글에서 작성하기 때문이다.

또 유의해야 하는 점은 사람들이 지금 어떻게 글을 쓰고 있는지를 참고한다고 해도 그런 글쓰기 모두가 모범이 될 만한 것은 아니라는 것이다. 내용은 훌륭하지만 그 내용을 전하는 방식에서 무리수를 두는 경우는 꽤 많다. 우리 사회에서 '글쓰기'에 관심을 두기 시작한 것도 최근의 일이고 글쓰기 강좌가 개설된 것도 아주 오래된 일이 아니다. 또 글을 쓰기 위해서 글쓰기 강의를 반드시 들어야 하는 것도, 글쓰기의 일반적인 방식을 굳이 염두에 두어야 하는 것도 아니다. 그래서 이 세상에는 괜찮은 글도 많지만 괜찮지 않은 글도 많다. 우리도 마찬가지이다. 우리도 여러 종류의 글을 여러 차례 썼지만 그렇게 쓴 글이 모두 좋은 글쓰기의 표본이라고 자신할 수 없을 것이다.

그런데도 다른 한편으로 때때로 우리는 "너는 글쓰기 수업을 안 들었냐?"라는 소리를 듣곤 한다. 확실히 말할 수 없어도 무엇인가 따라야 할 암묵적인 관습이 존재한다는 뜻이다. 예를 들어 글쓰기 수업이나 글쓰기 교재에서는 어떤 텍스트를 읽고(보고) 나서 글을 쓸 때 '서평'과 '감상문'에서 역점을 두는 측면이 다르다고 설명한다. 글의 종류가 아주 명확하게 나뉜다고까지 할 수 있는지는 모르지만 그래도 글의 종류에 따라 목표 지점이 달라지기 때문에 전반적인 글의 방향성이 다르다고 할 수 있다.

또 글의 구성으로 핵심 내용을 둘러싸고 글을 자연스럽게 시작하는 것과 정리하면서 끝맺는 부분을 각각 앞뒤로 덧붙인 '삼단구성'이라는 일반론을 제시하는 것도 마찬가지이다. 모든 글이 삼단구성을 갖추어야 하는지는 모르겠다. 그래도 우리는 삼단구성을 갖춘 글이 논리적이거나 완결된 느낌을 준다고 생각한다. 현실에서 아직까지는 최선이라고 생각하는 전통적이면서 암묵적인 관습이 있다는 것을 부정할 수는 없다.

그래서 글을 쓸 때 그전에 자기가 쓰려고 하는 글의 종류와 유사한 글들을 최대한 많이 보는 것이 중요하다. 우리는 그저 막연하게 대충 이렇게 쓰면 되지 않을까 하는 생각을 하면서 글을 쓰기 시작한다. 그 과정에서 혼자 이런저런 궁리를 하고 무수히 많은 시행착오를 거치면서 글을 완성해 본 적도 있을 것이다.

이런 상황에서 내가 목표로 삼을 만큼 잘 쓴 글을 '등대'로 삼는 것도 좋은 선택일 수 있다. 그렇지만 글쓰기는 누구나 인정하는 수준도 있지만 개인의 취향을 타는 부분도 있기 때문에 내가 그 글을 좋아한다고 해서 그렇게 쓰는 것이 좋은 선택이라는 보장도 없다.

그렇다면 우리는 어떤 글을 모범으로 삼는 것이 좋을까. 글을 써서 생계를 유지하는 전업 작가가 아닌 이상, 우리가 잘 쓴 글을 고르는 기준은 간단명료하다. 우리가 글을 쓸 때 어떤 마음인지 떠올려보자. 내가 글을 다 쓰고 확인해야 할 점은 나는 무엇을 전달하기 위해, 곧 무엇을 목표로 글을 쓰고 있으며 내가 지금 쓴 글은 그 목표를 달성하고 있느냐이다. 다른 사람의 글을 볼 때도 이 질문은 여전히 유효하다. 이 사람은 이 글을 왜 썼을까, 그리고 이 글을 써서 그 목표를 이루었을까를 재구성해 보는 것이다. 곧 이 사람은 독자가 어떤 생각을 하기를 원했으며, 이 글을 다 읽은 나는 그렇게 생각하고 있나를 스스로에게 물어보는 시간이 필요하다. 이런 시간을 통해 우리는 글을 보는 눈을 조금씩 길러가게 될 것이다.

· **상황과 독자와 나**

　그렇게 생각하면 우리는 "글을 잘 쓰려면 어떻게 해야 해?"라는 질문을 해서는 안 된다. "많이 읽고 많이 쓰고 많이 생각하라"는 일반론 외에 그 질문에 맞는 대답을 하기가 어렵기 때문이다. 나는 어쩌면 이것이 사람들이 글쓰기에 대해 가지고 있는 환상 또는 착각 같은 것이 아닐까 생각한다. 이제 나는 모든 글을 아우르는 어떤 하나의 '글쓰기 방법'이 존재한다고 생각하는 것이 좀 이상하다. 굳이 말한다면 그건 괜찮은 '내용'을 적절한 '방법'으로 표현하는 것 정도일 것이다. 그러나 이런 원론적인 이야기는 실제로 글을 쓸 때 염두에 두면 좋기야 하겠지만 실질적으로 큰 도움이 되지는 않을 것이다.

실제로는 각각의 글쓰기 종류에 따라 중요한 포인트를 신경쓰는 편이 낫다. 내가 좀 더 요령 있는 사람이었다면 "글을 잘 쓰려면 어떻게 해야 해?"라는 질문을 듣고 다시 되물어서 글을 쓰는 구체적인 상황이나 요건을 확인했을 것이다. 아주 예전에 글을 잘 쓰려면 어떻게 해야 하냐는 질문을 들었을 때 나는 "너는 지금 무슨 글을 쓰고 있니?" 또는 "네가 쓰는 글은 과제용이니?", "그 과제에서 글쓰기 과제를 냈을 때 어떤 조건이 붙어 있었니?" 같은 식으로 되물었어야 했다.

내가 글을 어떻게 써야 하냐는 물음을 들었을 때 대체로 대답하기가 어려웠던 이유는 내가 이런 대답을 할 만큼 글을 잘 쓰는 사람이라고 생각하지 않았던 점도 있었지만, 무엇보다도 나조차도 이런 생각을 하지 못했기 때문이다. 곧 모든 경우에 통용될 수 있는 글쓰기라는 것은 사실상 없다고 생각한다. 정말 절실한 사람이라면 어떤 종류의 글을 쓴다면 그런 종류의 일반적인 패턴에 이 글이 적절한지, 글을 써야 하는 상황에 맞는 글인지를 물었어야 했다. 그리고 나는 그렇게 질문하도록 유도했어야 했다. 가끔 그때를 떠올린다. 의도가 무엇인지를 알 수 있고 내가 대답할 수 있는 질문으로 다시 바꾸게 했어야 했던 것이 아니었나 하고. 그리고 그런 것을 묻는 사람이라면 분명히 주저하거나 망설였을 것이라는 점도 헤아렸어야 했다. 나는 사려 깊지 못했고 이 질문의 의도를 짚지 못했다. 아주 긴 시간이 지난 이제야 나도 그때 그 상황을 약간은 이해하게 되었다.

우리는 어느 순간 글을 쓰고 싶은 충동에 휩싸여 글을 쓰게 될까. 대부분 그렇지 않을 것이다. 내가 쓰고 싶어서 쓰게 된다면 글을 잘 써야 한다는 압박감도 상대적으로 덜 받게 될 것이다. 글쓰기에 대한 부담감을 받게 되는 경우는 보통은 어쩔 수 없이 써야 할 때이다. 그런 글은 경위서일 수도 있고 사유서일 수도 있으며 어떤 사안에 대한 기획서나 보고서일 수도 있고 내 주장을 관철하기 위해서 쓰거나 나의 행동을 해명하기 위해서, 그 외 필요에 따라 다른 사람들을 설득하거나 마음을 돌리기 위해서 쓰는 글일 수도 있다. 이런 글들은 결과적으로는 다양한 형태로 나타나지만 공통점이 있다. 대체로 내 글을 읽을 독자가 있고 그 독자가 원하거나 기대하는 것 또는 내가 그 독자에게 바라는 것이 있다는 것이다. 나와 독자 사이에 위계 관계가 있고 독자의 요구가 강력하다면 나는 아무래도 그런 점을 좀 더 고려해야 할 것이다.

내가 글을 쓸 때 상황은 어떤가. 그때 생각해야 하는 것들은 이런 것이다. 나는 어떤 사건에 대해 전말을 설명해야 하는가, 아니면 어떤 일을 추진하기 위해서 설득해야 하는 입장인가. 감사를 표시해야 하는가, 아니면 사과를 해야 하는가. 근거를 중심으로 논리적으로 접근해야 하는가, 아니면 감정에 호소해야 하는 상황인가. 대충 내가 글을 써야 하는 상황을 파악했다면, 예를 들어 어떤 사안에 대해 왜 이렇게 처리했는지를 '설명'해야 할 때도 있고, '해명'해야 할 때도 있을 것이다.

어떤 사안에 대해 서술하면서 설명을 할 것인가 아니면 해명을 할 것인가를 결정하는 것은 일차적으로는 독자일 것이다. 설사 독자가 내가 아는 사람이라고 하더라도 그 사람이 어떤 입장인지, 어떤 마음 상태인지를 실시간으로 정확하게 알 수는 없다. 당연히 어떤 정보가 더 있을수록 더 잘 판단할 수 있을 것이다. 나에게 호의적이거나 왜 그 일을 그렇게 처리했는지 자체가 정말 궁금하다면 나는 이것을 어떤 의도에서 무엇을 바라고 이렇게 했는지를 명료하게 서술하는 정도로 충분할 것이다. 그런데 이 일을 이렇게 하기를 원하지 않았거나 내가 그렇게 한 것에 이미 반감을 가진 상대라면 글쓰기의 구체적인 방향은 다를 수밖에 없다.

예를 들어 나에게 사유서를 쓰라고 하는 사람이 있다. 이렇게 한 것은 원칙적으로는 규정을 따르지 않은 것이니 여기에 대해 설명하라고 한다. 이제 나는 글을 써야 하고 일차적으로는 이 일을 왜 이렇게 했는지를 구체적으로 설명하는 것이 목표가 된다. 나는 이제 떠올려본다. 왜 내가 이렇게 일을 했었지? 어떤 경우에는 나도 모르게 실수를 했을 수 있다. 그렇다면 나는 이렇게 했을 때의 상황과 그때의 의도를 서술하면서 그렇지만 기대와는 달리 결과가 좋지 않은 것에 대해 사과하고 앞으로 이런 일이 재발하지 않도록 하겠다는 반성을 덧붙일 수 있을 것이다. 그런데 스스로 생각해 봐도 내가 잘못한 것이 아니라 외부적 상황 때문에 어쩔 수 없었거나 규정이 이후에 마련된 것이라 이런 규정을 과거로 소급하는 것이 억울하거나 적절하지 못하다고 판단할 수 있다. 그럴 때 나는 이 사안의 처리에 대해 자세히 서술하면서도 이것이 내 잘못이 아니라는 점을 강조하게 될 것이다.

곧 이런 글은 성격상 독자가 나에게 요구하거나 기대하는 점이 있으므로 가능하면 독자를 만족시킬 수 있다면 좋을 것이다. 그렇지만 독자를 만족시키는 것만이 능사는 아니다. 독자를 고려한다는 것은 누군가가 읽을 글을 쓰면서 내 사정만 생각하지 말라는 뜻이지 모든 것을 독자에게 맞춘다는 뜻이 아니다. 만사가 그렇듯이 이런 상황에서는 나와 독자의 입장과 관점이 다르고 바라는 것이 다르다면, 최대한 조율을 해야 한다. 내 글의 독자가 원하는 1차적인 목표는 무엇일까, 그 사람이 원하는 것이 내가 원하는 것과 상충될 때 나는 어느 지점을 타협점으로 잡을 것인가.

입장을 정했다면 내 글의 핵심 주제를 한 줄로 요약해 보는 게 글쓰기에서는 큰 도움이 된다. 이제 내가 쓸 글은 이 한 줄을 확장한 것일 뿐이다. 그 안에는 이런 이야기를 하게 된 이유도 있을 것이고 이런 이야기가 왜 말이 되는지를 설명하는 최소한의 논리도 있을 것이다. 때로는 독자의 반응을 상상하면서 예상할 수 있는 반론에 대해 재반박하는 내용을 담을 수도 있고, 독자를 흡족하게 하거나 마음을 바꾸도록 설득하기 위해 부가적인 여러 내용을 넣을 수도 있다.

그런데 아무리 생각해도 이 특정한 독자와 나 사이에 합의점이 없다는 판단을 내릴 수도 있다. 그럴 때는 어떻게 해야 할까. 이제 합의점을 모색하는 것이 아니라 둘 중 하나를 선택해야 하는 시점이 왔다. 그렇다면 독자와 글을 쓰는 나 둘 중에서 누가 더 중요한가. 글을 쓰는 사람은 나라는 사실을 잊어서는 안 된다. 독자에게 맞추기 위해서 내 생각을 포기한다면, 그래서 글에 나를 이롭게 하거나 나 스스로 납득할 수 있는 게 없다면, 굳이 글을 쓸 이유가 없다. 독자를 100% 만족시키는 선택만이 답은 아니다.

우리가 쓰는 글 대부분은 특정한 독자보다는 불특정한 일반 독자를 대상으로 할 것이므로 이 책에서도 이런 독자들을 염두에 두면서 글을 어떻게 쓸 것인가를 고민했다. 그래서 전업 작가의 문학적인 글쓰기가 아니라 대부분의 사람들이 일상생활에서 글을 쓸 때 염두에 둬야 할 최소한의 기본기를 정리해 보려고 했다. 우리가 살면서 글을 써야 하는 무수한 때에 쓰고 싶은 또는 써야 하는 내용을 적절하게 표현하는 것, 그게 우리에게는 글쓰기의 최종 목표일 것이다.

2. 독자에게 의미가 있는 주제란?

• **독자가 듣고 싶은 것**

　사람들이 글을 읽는 이유는 무엇일까. 읽어야 할 때도 있을 것이고 읽고 싶을 때도 있을 것이다. 지금은 글 외에도 여러 매체가 있어서 글이 그 역할을 모두 떠맡는 것은 아니지만 심심하니까 재미있는 글을 읽으려고 할 때도 있을 것이다. 이때 재미있는 글의 범주는 의외로 넓다. 내용의 재미를 차치하고라도 독자는 자기가 좋아하는 사람의 글이라면 그게 뭐든 읽고 싶어할 것이다. 이런 경우에는 내용 자체가 큰 문제가 되지 않는다. 읽기가 힘들다고 해도 그래도 좋을 것이기 때문이다. 그런데 만약 대부분의 사람들이 글 쓰는 나를 모른다면 나도 겸허해질 필요가 있다. 사람들은 내 신변잡기에 그다지 관심이 없다는 사실을 직시해야 한다.

그런데 또 다른 유형도 있다. 소재가 재미있을 수도 있지만 같은 소재라도 스토리를 재미있게 짤 수도 있다. 전업 작가들이 흥미롭게 서사를 펼쳐놓는 대표적인 사람들일 것이다. 나는 별 것 아닌 내용조차도 정말 재미있게 말하는 사람들을 알고 있다. 우리가 저 사람은 말을 잘한다고 할 때 사실 그 말솜씨는 일종의 타고난 재주에 가깝다고도 볼 수 있다. 그런 재주가 없다고 낙담할 수만은 없다. 사람들은 어떤 특정한 정보를 찾기 위해서, 또는 혹시 이 책에서 유용한 정보를 얻을 수도 있으리라는 기대를 품고 글을 읽기도 하기 때문이다. 때로는 글을 통해 힘든 상황에서 심적인 도움이나 위로 또는 격려를 얻고 싶어 할지도 모른다.

독자가 타인의 글을 읽는 이유는 본질적으로는 자기에게 도움이 되기 때문이다. 설령 특별할 것 없는 내용이라고 하더라도 유명하거나 자기가 좋아하는 사람이 쓴 글을 읽는 것만으로도 만족할 수 있다. 그조차도 독자는 알고 싶을 것이다. 곧 독자는 그게 무엇이든 자신과 관련된, 자신의 이해관계 속에서 글을 선택하고 읽겠다고 판단하게 될 것이다.

글을 쓰게 된다면 이 점 하나만은 잊지 않았으면 좋겠다. 글쓰기에 몰두하다 보면 독자와 마찬가지로 어느덧 자기 자신밖에는 보이지 않으므로 끊임없이 독자의 존재를 상상해보는 것이 도움이 된다.

나의 인생 목표, 여행하고 싶은 곳, 내 인간관계에서 고민할 점, 내 주변 사람들에 대한 감정같이 나와 관련된 글을 쓴다는 게 무가치하다는 뜻이 아니다. 내가 일단 누군가가 읽었으면 좋겠다고 생각하는 글을 쓰겠다는 목표를 세운 이상, 글을 읽는 독자가 원하는 것을 염두에 두어야 한다는 것이다.

내 삶에 대한 고백적인 글도 당연히 의미가 있다. 우선적으로는 글을 쓰는 바로 나에게. 나의 인생관에 대해 유일하게 관심이 있는 사람은 나 자신일 것이다. 어쩌면 나를 사랑하는 주변 사람들도 관심을 보일 수도 있다. 그렇다면 그 글의 독자 범위는 그 정도이다. 나는 나 자신과 나를 알고 나를 사랑하는 사람들만 읽으라고 글을 쓸 것인가. 당연히 그래도 된다. 그 사실을 알고 있기만 하다면. 할 수만 있다면 최대한 많은 사람들이 나를 알게 하는 것도 방법이다.

불특정 다수인 독자가 원하는 것을 구체적으로 상상하기는 쉽지 않다. 그렇지만 대체적으로 꼽는다면 우리는 언제나 쉽지만은 않은 삶을 살아간다는 점은 공통적이므로 삶에서 필요한 조언, 도움이 될 만한 정보 정도로 정리할 수 있을 것이다. 그러나 언제나 그렇듯이 말은 쉽다. 그렇다면 어떤 내용을 보고 독자는 공감하거나 도움을 받는다고 생각할까. 그 미묘한 지점을 판단하기가 쉽지 않기 때문에 우리는 여러 차례 시행착오를 통해 조금씩 감을 잡아 나가거나 내 글을 읽은 주변 사람들의 조언을 경청할 필요가 있다.

한국 한문학 전공자인 나는 몇 년 전에 몇몇 사람들과 한시 구절을 뽑고 그 구절을 음미할 수 있게 설명하는 포맷으로 대중서를 냈다. 이쪽 분야에서는 이런 식의 대중서를 많이 출간하고 나도 그전에 비슷한 스타일의 책에 공저자로 참여한 적이 있었지만, 대부분 이미 포맷이 정해진 상태에서 죽이 되든 밥이 되든 주어진 주제나 소재, 분량에 맞게 글을 써서 보내고 나중에 한두 차례 교정만 하면 내 선에서는 완료되는 일들이었다. 그런데 이때 준비했던 대중서는 공저자들이 나와 비슷한 연배였고 각자 써온 글을 선별하고 약간의 논평을 받는 과정도 있었기 때문에 덕분에 내가 쓴 글에 대해 다른 사람이 어떻게 보고 있는지, 대중서를 표방하는 이런 책에서 어떤 기준으로 글을 선별하고 있는지 같은 점들을 조금이나마 확인할 수 있었다.

내가 쓴 글 중 아주 일부만 모임에서 논평을 받았는데 그중에는 이 글도 포함되었다. 2013년 또는 2014년에 쓴 글이었는데 지방에서 올라와 서울에 살고 있던 나에게 어떤 동창이 예전에 서울에 있을 때 어디에 있었는데 그때 너를 우연하게라도 만나기를 기대했다는 이야기를 했었다. 그 이야기를 듣고 나서 나는 그곳을 지날 때마다 그 동창 생각이 났다. 그리고 나와 아무런 인연도 없던 그 장소는 여전히 나에게는 그 동창이 머문 곳으로 남아 있다. 이 대중서도 지난 시기의 장르인 한시에서 현대적인 의미를 읽어내려는 것에 역점을 두었기 때문에 나는 이런 아이디어를 살려서 시 구절을 골랐고 그 구절에 대해 간단하게 설명을 덧붙였다.

가랑비 내리던 영통사
석양 무렵의 만월대
細雨靈通寺 斜陽滿月臺

— 이행(李荇, 1478~1534), 〈천마록 뒤에 쓰다(題天磨錄後)〉

절친했던 박은(朴誾)이 갑자사화로 처형되자 이행은 『천마록(天磨錄)』을 꺼내 들었다. 『천마록』은 박은이 죽기 2년 전에 박은과 이행, 혜침(惠忱)이 개성 천마산을 유람하며 지은 시들을 편집한 시권이다.

가랑비 내리던 영통사와 석양 무렵 만월대에서 이 둘은 무슨 이야기라도 주고받았던 것일까. 박은과의 천마산 기행을 떠올리면서 이행은 이 두 장면을 기억해냈다. 영화를 다 보고 난 뒤 기억에 남는 한 장면처럼 이행에게 그 순간의 풍경은 박은의 또 다른 얼굴이 된 것이다.

사람에 대한 추억은 종종 장소와 함께 남는다. 자주 만났던 곳, 함께 가고 싶었던 곳, 다투거나 화해하는 등의 여러 일들로 다양한 감정이 생겨나고 교차하던 그런 곳들을 볼 때마다 우리는 자연스럽게 그곳에 얽힌 추억들을 떠올린다.

 무심히 지나치던 어떤 건물과 골목길이 어느 순간 정답게 느껴진다면 그저 자주 지나쳐서 눈에 낯익게 되었기 때문은 아닐 것이다. 정답거나 마음이 쓰리거나 슬프거나 그리운 감정들은 그곳을 지나고 드나들던 우리가 사소한 이야기를 쌓아 올렸기 때문에 만들어진다.

 이행이 영통사와 만월대, 그 장소 자체가 아니라 가랑비와 석양처럼 특정한 한 순간으로 박은을 기억하듯 우리가 마음으로 기억하는 풍경이란 그런 것이다. 아름답고 멋진 풍광만으로는 인상적인 장소가 될 수 없다.

 세월이 흘러 내가 알던 곳이 전혀 다른 모습으로 달라지면 내 기억 속의 그곳은 과거의 모습으로 영원히 기억될 것이다. 그리고 내가 느꼈던 감정들은 그곳의 마지막 모습으로 각인되리라. 그러나 나만 그것을 기억할까. 그곳에서 함께 했던 우리 모두가 그곳을 그렇게 기억할 것이고, 내가 그랬듯 그 자리를 함께했던 사람들과의 일들과 감정들을 간직할 것이다. 내가 그들을 그리워하듯 그들에게 나도 그렇게 기억되는 사람이면 좋겠다.

원래 초고에는 개인적인 내용이 들어 있었다. 이 글의 아이디어는 동창의 이야기에서 시작되었기 때문이다. 그렇지만 이 글을 본 뒤 또는 우리(나와 동창)를 전혀 알지 못하는 책의 독자를 감안해서 개인적인 이야기는 뺐으면 좋겠다는 의견이 나왔다. 그 조언에 따라 최종 원고에는 아주 일반적인 내용만 남게 되었다. 굳이 말한다면 이 글의 주제는 장소, 기억, 사람, 그리움 이런 키워드로 조합되는 무엇일 것이다. 나는 이 글의 주제가 서로 다른 삶을 살아가지만 그래도 우리가 함께 경험하는 보편적인 메시지라고 독자가 생각하기를 기대했다.

곧 우리는 메시지를 전달하는 글을 쓸 수 있는데, 그때에는 일반 독자들이 경험할 수 있는 '보편성'이 반드시 있어야 한다. 이때 보편성은 불특정 일반 독자 입장에서는 자기와 관련된 어떤 것이 있다는 뜻이다. 보편성은 우리와 무관하지 않다는 점에서 중요하지만 바로 그 점 때문에 이미 알고 있는 식상한 내용이다.(위의 글도 주제 자체는 매우 식상하다.) 그러므로 이렇게 보편적이지만 동시에 식상한 메시지를 전하는 글이라면 이것을 어떻게 '새롭게' 전달할 것인가가 관건이 될 것이다. 위의 글에서는 사람들이 잘 모르는 이행이라는 사람의 한시를 가져왔다. 다시 말하면 익숙한 '주제'를 전달하기 위해 신선한 '소재'를 발굴하는 것이 중요하다. 아주 단순하게 말하면 무난하게 읽을 수 있는 글이 되기 위해서는 독자가 아는 것 반 모르는 것 반, 이렇게 조합하는 것도 좋다. 독자가 모를 새로움을 보증하는 방법으로 자신의 경험을 소재로 삼는 것도 추천할 만하다. 그런데 이때에도 유의할 부분이 있다.

  글쓰기는 '글'을 통해 저자와 독자가 대화를 나누는 것이다. 그때의 상황을 상상해보자. 내가 이야기를 할 때 듣는 사람이 마냥 좋아했던가? 당연히 그렇지 않다. 귀담아 들을 때도 있고 지루해할 때도 있다. 청자가 지겨워하는 상황을 알려주는, 익히 잘 알려진 농담도 있다. "여자 친구에게 군대에서 축구하던 이야기를 한다." 군대 이야기와 축구 이야기는 정말 재미없을까? 그렇지 않을 것이다. 군대에서 같이 있었던 사람들과 함께 했던 축구 이야기는 나중에 만난다면 언제나 나오는 즐거운 추억담일 것이다. 그렇다면 어째서 '군대 이야기'와 '축구 이야기'가 재미없는 이야기의 대명사가 된 것일까? 청자가 화자의 군대에 있지도 않았고 함께 축구를 해본 적도 없는 여자 친구이기 때문이다. 청자에게는 자기와 아무런 상관도 없는, 그래서 공감할 수 없는 이야기이기 때문이다. 우리는 모두 그게 싫다. 내 앞에 있는 화자나 내가 읽고 있는 글의 저자 자신의 이야기라면 그래도 괜찮다. 그런데 그 이야기가 길어지면서 내가 모르는 화자와 저자의 주변 인물이 등장하거나 그 사람들이 주인공이 되면 그때부터 난감해진다. 그리고 점차 재미없음을 넘어 소외감을 느끼게 될 것이다. 청자나 독자가 모르는 제3자의 이야기를 길게 한다는 것은 대화를 할 때도 예의 없는 행동이다.

자신의 이야기 중에서 소재로 고를 만한 것이 없다면 누구나 알 만한 유명인의 이야기가 차라리 낫다.(우리가 삼삼오오 모여 있을 때 수다거리가 연예인의 가십이 되는 이유도 연예인이 우리가 안다고 생각하는 사람들이기 때문이다.) 물론 우리가 관심을 가지는 만큼 유명인의 이야기는 '새롭지 않을' 가능성이 높다. 그래서 유명인의 일화 중에서 사람들이 잘 모를 법한 것을 찾아내려는 노력이라도 해야 한다.("누가 그러던데"에 솔깃해하는 이유도 이 표현이 누구나 알 만한 내용이 아니라는 것을 암시하기 때문이다.)

　말이든 글이든 청자나 독자의 적극적인 반응을 이끌어 냈다면 나름대로 성공적이었다고 할 수 있다. 곧 청자나 독자를 만족시키려면 이들이 뭔가를 할 수 있는 여지를 주어야 한다. 독자를 소외시키는 또 하나의 요소는 화자나 저자의 자기 자랑이다. 자랑은 위로와 다르다. 위로는 청자나 독자를 중심에 두고 있지만, 자랑은 화자나 저자를 중심에 두고 있기 때문이다. 화자나 저자가 자기 이야기를 자기 자신을 위해서 하고 있다면 청자나 독자는 박수나 약간의 호응 외에는 할 수 있는 것이 없다. 나의 멋진 나날을 기록하는 SNS로 내 글이나 사진을 보는 사람들이 순간적으로 나를 부러워하게 만들 수는 있을 것이다. 그렇지만 그 반응도 순식간에 끝날 것이다. 그 멋진 나날은 여러 사람과 공유할 수 있는 것이 아니라 철저하게 글과 사진의 주인공만 누린 것이기 때문이다.

　이제 더 이상 젊지 않지만 아직도 세상살이에 서툰 나는 인생에 대해서도, 일상에 대해서도 조언이 필요하다. 그게 인간관계를 맺는 요령이든, 인생이라는 긴 길에서 넘어졌을 때 마음을 추스르는 방법이든, 다른 사람의 마음을 사는 방법이든, 아니면 기운을 내는 방법이든, 아니면 소소한 생활의 지혜든 나는 그런 것들을 알려주는 글을 좋아하고 그럴 때 이 글을 읽어서 정말 좋았다고 생각한다. 아마도 다른 사람들도 그럴 것이다.

글을 쓰게 되면 자신이 고른 주제가 좋은지 궁금하다. 좋은 주제란 무엇일까. 내 수준에서 그 대답은 의외로 명료하다. 나는 좋은 주제라는 것이 따로 있는 게 아니라 글 쓰는 사람이 만들어가는 것이라고 생각한다. 자기가 납득하고 스스로 확신을 가지며 사람들에게 어떻게든 이 주제는 좋다고 설득할 수 있다면 좋은 주제로 인식될 가능성이 높다. 물론 구체적으로는 보통 잘 주목하지 않지만 한 번 이 문제에 대해 같이 생각해 보면 우리 사회에 더 이로울 것이라는 식의 논리 같은 것이 동반될 것이다. 잊지 말아야 할 것은 어떤 주제는 어떤 사람은 왜 좋은지 설득하지 못했지만 다른 사람은 독자에게 이 주제가 중요하다는 것을 설득할 수도 있다는 점이다. 자기 마음의 확신과 함께 그것을 독자에게 납득시킬 자료를 어느 정도로 준비했는가로 의외로 많은 것이 달라진다.

• **그렇지만 독자가 하기 싫은 것**

한때 장기간 치료받은 적이 있다. 그때 내원했던 병원의 의사 선생님에게서 당시 '뜨고 있는' 아르바이트에 대해 들었다. 최근에 화제가 된 책에 관심은 있지만 업무가 바빠서 그 책을 읽을 여력이 없는 전문직 종사자들 사이에 책 요약본을 유료로 구매하는 것이 유행이라는 것이다. 그 말을 듣는 순간, 바쁜 현대인이 일을 손에 놓지 않으면서도 최근의 이슈에서 멀어지지 않기 위해 나름대로 합리적인 해법을 찾아냈다는 생각이 들었다. 나도 책을 처음부터 끝까지 꼼꼼하게 읽어야 '제대로' 읽었다고 생각하는 타입은 아니다. 나도 화제가 된 베스트셀러나 스테디셀러를 거의 읽지 못하고 있다. 변명이라면 변명이겠지만 솔직히 내 분야의 자료를 읽는 것만 해도 벅차기 때문인데, 그러면서도 마음 한편에는 언젠가는 읽어야 하지 않을까 하는 압박감이 있다. 그래서 책장 한구석에 읽어야 할 책들을 꽂아 두었다. 그 책들이 여전히 나를 '기다리고' 있지만.

요약본에 대한 수요를 볼 때 나는 이것이 저자와 독자 간의 '동상이몽'을 보여주는 한 단면이라고 생각한다. 사람들을 자기의 경험이나 자기의 생각을 글로 쓰고 싶어 한다. 그렇지만 우리가 정말 남이 살아온 이야기나 생각 같은 걸 알고 싶기는 한 것일까. 나만 해도 내가 모르는 타인의 삶에 대해 전혀 궁금하지 않다. 고전이 당대를 넘어 보편성을 얻었기 때문에 지금도 의미를 가지는 것이듯이, 우리에게 필요한 정보도 특정한 사람을 넘어서는 보편성이 있어야 한다. 정보라는 측면에서 나는 내가 읽은 내용이 극소수의 의견이 아니었으면 한다. 글을 읽고 알게 된 정보가 어느 정도는 다수의 전문가를 통해 검증된 내용이었으면 한다. 그래서 언제든 어디에서든 써먹을 수 있었으면 한다. 글 쓴 사람이 정보의 근거로 내세울 수 있는 것이 자신의 경험만

이 아니었으면 한다. 이 사안에 대한 통설이 있는데 참신하고 자기만의 색채가 있다는 이유로 아주 예외적인 의견 같은 것을 펼치지 않았으면 좋겠다.

나만 그런 것은 아닐 것이다. 글을 쓰는 사람들은 자기가 좋아서 쓰기도 하지만 글을 잘 썼을 때 인지도든 금전적이든 어떤 종류의 보상을 받기도 한다. 그렇지만 글을 읽는 것은 언제나 재미있지도 않고 잘 읽었다고 해서 특별한 보상이 주어지는 것도 아니다. 그러니 시간과 에너지를 투자해야 하는 사람은 독자가 아니라 저자일 수밖에 없다.

내가 쓴 글을 더 많은 독자들이 읽기를 바란다면 당연히 이들이 하기 싫은 일을 내가 대신해야 한다. 독자가 직접 하기 싫은 일은 시간을 들이는 일일 수도 있고 품을 들이는 일일 수도 있다. 독자가 원하기는 하지만 직접 하기는 귀찮아하는 것을 내가 대행한다는 것이 핵심이다. 다만 우리가 사는 이 시대는 만만치 않다. 검색하면 뭐든 나오는 이런 시대에는 자료를 찾았다는 그 자체만으로는 대단한 일을 했다고 내세울 수 없다. 손쉬운 일은 독자도 쉽게 할 수 있기 때문이다. 몇 번의 클릭만 하면 자료를 쉽게 검색하고 확인할 수 있다는 것은 행운인 동시에 불행이다. 내 노력을 입증하려면 그 외의 일을 더 해야 하기 때문이다. 중요한 것은 '괜찮은' 자료를 잘 선별해서 보여주는 것이다. 그렇다면 어떤 자료가 괜찮은지를 어떻게 알 수 있을까? 쉽지만은 않다. 오랜 시간을 투자하지 않은 이상, 또 잘 모르는 분야지만 갑자기 관심이 생겨서 자료를 찾게 되는 경우라면 자료의 옥석을 분간하기가 쉽지만은 않다.

어떤 사안에 대해 잘 알기 위해서는 어떻게 해야 할까? 어떤 책 내용을 틀리지 않게 읽는 방법이 있을까? 조금 더 손쉬운 요령이 있는지는 잘 모르겠다. 원론적으로 말한다면 어떤 사안에 대해 여러 의견이 갈릴 때, 내가 그 일의 핵심을 이해하고 판단을 해야 한다거나 아니면 다소 어려운 책 내용을 제대로 파악하기 위해서는 최대한 많이 찾아보고 읽는 수밖에 없다. 즉 무엇이든 '알아야' 보인다. 이해관계가 첨예하게 부딪히는 사안인 경우 대부분의 자료는 이해 당사자가 자신의 관점에서 썼을 가능성이 높기 때문이다. 어쩌면 관건은 각자의 이해 관계나 각자의 관점에서 쓴, 결코 완전히 객관적이거나 중립적이지 않은 이 자료들을 보면서 최대한 원래 상황을 재구성하고 합리적으로 정리할 수 있는가일 것이다. 책도 마찬가지이다. 이 책이 가치가 있는가, 합리적인가, 그전에 없었던 대단한 내용을 보여주는가는 이 책만 본다고 알 수가 없다. 비교할 수 있는 무엇인가가 있어야, 또 전체 맥락을 이해해야 이 책이 가지는 의미가 그제야 드러나게 된다.

만약 최근에 화제가 되었던 이슈라면 글 쓰는 입장에서는 더욱 불리하다. 소재가 소재인 만큼 이 사안에 관심을 가지는 독자들이 내 글도 읽을 가능성이 높다는 점은 좋다. 반면에 이 사안에 대해 여러 정보를 가지고 있는, 어쩌면 나보다 더 많이 알고 있는 사람들이 내 글의 독자가 된다면 이들은 처음부터 호시탐탐 나의 잘못을 지적할 태세로 읽게 될 것이다.

대부분의 사람들이 모를 법한 사실을 소개하는 글도 독자에게는 도움이 될 수 있다. 그런데 내 전공 영역이어서, 또는 그동안 내가 꾸준히 관심을 가지고 있던 것 중에서 다른 사람들이 모를 법한 지식이라고 모두 다 고마워하면서 읽는 것이 아니다. 이 세상에는 우리가 모르는 것이 얼마든지 있다. 우리는 각자의 관심사나 공부한 분야에 따라 알고 모르는 것이 각기 다르다. 어떤 것들은 대개 알 것이라고 생각하는 '상식'에 포함될 수 있겠지만 내가 알고 사람들이 모르는 것이 언제나 그들에게 유용하리라고 장담할 수 없다. 나 역시 내가 모르는 수많은 정보들이 있지만 꼭 알아야 한다고 생각하지 않는 것들이 많다. 그렇다고 해도 우리는 가끔 이런 정보는 다른 사람들도 알면 좋을 것이라고 생각할 때가 있다.

어떻게 소개해야 할까. 이때는 이 사실이 얼마나 유용한지를 잘 설명하는 것이 포인트가 될 것이다.(단적인 예가 "이것을 알면 돈을 벌 수 있다"가 될 것이다.) 우리의 일상생활 또는 우리가 겪거나 아는 것들도 이 새로운 사실과 결합시키면 훨씬 더 깊이 있게 또는 훨씬 더 새롭게 보인다는 점을 설득하는 것으로 시작할 수밖에 없다.

서로 다른 정보가 너무 많아서 혼란스러울 때도 있다. 어느 게 더 적절할까, 또는 어떤 게 정확한 사실일까. 이른바 '가짜뉴스'나 '확증편향'의 범람으로 이제는 자료를 찾는 것보다 '따져보는' 것이 미덕이 되었다. 어쩌면 우리 시대에 글을 쓰는 사람은 수많은 자료 속에서 자료의 진위나 가치를 따져보면서 도달한 자신의 '관점'이 적절하다는 것을 입증하는 것을 우선시해야 하는지도 모르겠다. 그래서 나는 전문가가 아닌 저자가 일반인 독자를 대상으로 글을 쓸 때에는 일명 '창의성'을 가미해야 한다는 압박감을 가지지 않기를 바란다. 비슷한 교육 과정을 밟고 비슷한 매체를 통해 정보를 입수하는 이런 사회에서 모두가 창의적일 수도 없고 창의적일 필요도 없다.

'창의성'은 외부 자료 없이 내가 고민해서 생각해 냈다고 만들어지는 것이 아니다. 그런 것들 중에는 창의적인 것도 있고 아닌 것도 있을 뿐이다. 그런 걸 우리는 혼자서 열심히 노력했다고 칭찬할 수 있을지도 모르겠다. 물론 나라면 자료도 찾지 않고 혼자서 탐구하는 것이 무슨 의미가 있냐고 묻겠지만. 그러니 그동안 이 세상에 없었다는 것을 입증해야 하는 '창의성' 문제는 일단은 전문가의 영역에 맡겨두자.(전문 저술인 논문은 '창의성'을 입증하는 과정이 있고 '창의성'이 필수요건이다.) 일반인 저자가 전문가 수준 정도로 자료를 찾지 않는 이상, 그런 내용은 '창의적이라고 주장하는' 글에 가까울 뿐이다. 경험적으로 봤을 때 전문 저술이 아닌데 창의성을 내세우는 글은 대부분 크게 의미 있지도, 유용하지도 않았다.

전문적인 수준이 아니라면 우리는 자료를 최대한 보면서 상황을 파악하고 여러 선택지 중에서 왜 이것을 골랐는지, 이것이 적절하고 합리적인 선택이었는지를 어필하는 정도가 최선일 것이다. 이럴 때 글쓴이의 가치는 그동안 간직했던 나만의 생각이 있기 때문이 아니라 정보의 바다에서 휩쓸리지 않고 갈 길을 찾아내는 능력인 '관점'에 있을 뿐이다.

글을 쓸 때 끊임없이 독자를 생각해야 하는데, 그중에는 독자와 눈높이를 맞춘다는 것도 포함된다. 도대체 우리가 정확하게 상상할 수 없는 불특정 일반 독자의 배경 지식은 어느 정도일까. 우리는 어떤 대상에 대해 글을 쓸 때 어느 수준 정도로 맞춰야 할까. 불특정 일반 독자는 글쓰기에서 편의상 설정하는 개념이지 어떤 실체가 존재한다고 말할 수 없다. 어떤 특정한 사람이 아니기 때문에 그저 나는 우리 사회 일반 독자의 배경 지식이 대충 어느 정도라고 추측

할 뿐 확정적으로 말할 수 없다. 그런 이유에서 모두를 만족시킬 수도 없다. 어떤 사람은 모르고 어떤 사람은 알 수도 있을 것이기 때문이다. 심지어 우리 사회에서 이 정도는 알 것이라고 생각하는 지식조차도 모두가 안다고 단언할 수 없다. 나도 글쓰기 과제를 안내할 때 편의상 요건을 제시할 뿐이지 이것이 절대적으로 맞다고 할 수는 없다. 나는 중앙 일간지 기사에서 보충설명을 하느냐 여부로 판단하라는 지침을 내릴 때가 있는데 이것도 과제를 작성해야 하는 사람이 대학생이라는 특정한 집단이기 때문이다. 그래도 불특정 일반인 독자라고 해서 전국민을 전체로 하는 것보다는 내 글을 읽었으면 하는 독자의 대상의 범위를 좀 더 좁히는 편이 그나마 현실적인 선택이라고 생각한다.

· **독자는 끊임없이 변화한다**

글을 쓸 때 또 다른 어려운 점은 이 실체 없는 독자가 고정되지 않고 끊임없이 변화하는 존재라는 것이다. 시간이 지남에 따라 정보가 많아질 수도 있고 관심사가 달라지기도 하며 인식에서도 변화가 나타난다. 독자의 상태는 옳고 그름이라기보다는 인정해야 하는 현실이다. 예를 들어 유명인에게 향하는 과도한 관심이나 폭언을 '유명세'로 치부하던 때가 있었지만 이제는 그렇게 넘기지 않는다. 지금 사회에서는 '촉법소년'과 관련된 사안에 대해서도 사람들이 알고 있는 것이 많다. 우리가 지금 쓰는 글은 당연히 10, 20년 전과는 기조가 다를 수밖에 없다. 어쩌면 10년 뒤에 나오는 글도 우리 시대의 글과 관점이나 접근 방식이 전혀 달라질 것이다.

    지역 문학에 관심을 두면서 주로 평양 지역 자료를 보는 나는 가끔 눈치를 보게 된다. 국내 독자들이 좋아할 리가 없는 대상이기 때문이다. 최근에는 북한 지역에 관심을 갖는 연구자들이 많아졌는데 아마 비슷한 심정일 것이다. 이미 나는 몇 년 전에 키워드가 '도시'였던 기획에서 글 하나를 써서 올렸다가 예상치 못한 된서리를 맞은 적이 있다. 내 정신 건강을 위해 다들 댓글을 보지 말라고 권했지만(지금은 댓글이 보이지 않게 되었다.) 그래도 약간은 봤고 그래서 그때 나는 독자들이 자신이 생각하는 이 도시의 이미지와 내 글의 주요 키워드가 잘 어울리지 않는 것을 불만스러워 한다는 사실을 알게 되었다.

이런 기획에서 이 도시에 대한 글을 쓰라는 의뢰를 받았을 당시 나는 이런 종류의 글을 써 본 경험이 없었고 내가 어떤 상황에 놓여 있는지도 제대로 파악하지 못했다.(이게 변명이 될 수 없다는 것은 알고 있다.) 유명 포털 사이트에 올라갈 글이라고 하길래 사람들이 아예 모르는 내용일 것 같아서 새롭게 뭔가를 해보겠다는 꿈은 접었고, 청나라 사신 아극돈阿克敦의 『봉사도奉使圖』와 국립중앙박물관에 소장된 〈평안감사향연도〉 그림('평양감사향연도'라고 되어 있는데 '평안도관찰사'이므로 '평안감사'가 맞다)의 화려한 모습, 조선후기 시인 신광수申光洙의 「관서악부關西樂府」에 나온 평양의 묘사를 열거하면서 이곳이 관찰사가 있었던 곳이고 사신들이 들러서 쉬는 곳이며 이런저런 이유로 물산이 모여들고 경제적으로 번성했다는 내용으로 썼다. 그리고 같은 맥락에서 평양의 시장과 상인에 대해서도 간단하게 언급했는데 결과적으로 봤을 때는 '댓글'만 난리 난 것이 아니라 어느 누구도 만족시키지 못한 채 처참하게 끝났다. 연구자 입장에서는 새롭다고 할 만한 것이 없었고, 일반인 독자 입장에서는 막연하게 가지고 있는 평양의 이미지와 맞지 않았으며, 내용도 사실상 사실을 열거했을 뿐이었던 것이다. 물론 나도 사람들이 생각하는 도시 이미지와 실제 자료의 내용이 다른 걸 왜 내 탓으로 돌리는지 몹시 억울했다. 그렇지만 지금 와서 돌이켜 보면 무엇이 문제였는지 알 것도 같다. 독자의 기대수준을 맞추지 못한 잘못도 있었지만, 독자가 알고 있는 것과 알고 싶어하는 것을 찾아볼 생각도 하지 못했다. 사실 가장 큰 문제는 내 관점으로 이런 사실 자료들을 가지고 내 나름의 '스토리'를 만들지 못했다는 점에 있을 것이다. 그나마 그때 내가 새롭다고 생각해서 마지막에 붙인 내용은 이랬다.

> 평양 상인에 대한 공식 기록은 거의 없다. 그러나 평양 상인에 대한 야담(野談)이 남아 있어 당시 사람들이 평양 상인을 어떻게 생각하고 있었는지 짐작해 볼 수 있다. 야담 속에서 평양상인은 중국 무역상으로 주로 나타난다.

조선후기 야담집 『청구야담』에는 정(鄭)씨 성을 가진 상인이 평안감영에 진 빚을 갚기 위해 돈을 빌려 인삼과 모피를 사서 중국 남경에 팔러 갔다가 큰돈을 벌었다는 이야기가 실려 있다. 다른 야담집에는 중국과 무역해서 부유한 상인이 된 전장복의 이야기도 전한다. 그는 우연히 서해 바다 가도에서 풍랑으로 배가 침몰되고 간신히 목숨만 건진 남경 상인 상리병의 사연을 듣고 장사를 할 수 있을 만큼의 목돈을 빌려준다. 이후에 상리병은 크게 성공해서 은혜를 갚는다.

흥미롭게도 두 야담에서 평양 상인과 중국 상인은 서로에 대해 강한 신뢰를 보여준다. 사람들에게서 돈을 빌려 물건을 산 정씨 상인이 중국에서 성공할 수 있었던 것은 절친한 북경 상인이 도와주었기 때문이다. 장사하러 왔다가 타국에서 모든 것을 잃어버린 남경 상인은 생판 모르는 평양 상인의 도움을 받았다. 상리병은 집으로 돌아갈 노잣돈을 빌려달라고 했지만 전장복은 장사하는 사람이 빈손으로 돌아갈 수는 없다면서 장사할 밑천을 대주었다. 상인으로서의 유대감이 국경을 초월한 이들의 모습을 보면, 평양상인이야말로 진정한 코스모폴리탄처럼 보인다.

이 일화는 뜯어보면 흥미로운 구석이 분명히 있다. 이 일화가 실제 있었던 사실 그대로가 아니라도 해도 이 야담이 유포되는 시기에 국적이 다른 상인들간에 어떤 유대감이 있을 정도로 국제 교역이 활발했고, 무엇보다도 평양 상인이 노잣돈 정도가 아니라 장사할 밑천을 빌려줄 정도로 융통할 수 있는 자금의 규모가 컸다고 사람들이 믿을 정도의 분위기였다는 것이다. 그렇다면 이 일화는 이 글의 마지막이 아니라 이 글의 시작 부분에 나와서 평양이 상업적으로 발전했다는 것을 보여줄 흥미로운 단서로 써야 하지 않았을까. 평양 상인의 흥미로운 이야기를 보여주겠다고 달랑 일화만 쓰고 그 의미를 풀어내지 못했다는 점도 글쓰기 방식으로 본다면 확실히 문제였다. 독자가 이런 글을 읽으면서 크게 흥미를 느끼지 못한 것도 어쩌면 당연했.

무엇보다도 이런 소재는 그 당시에 평양이 경제적으로 번성했다는 사실 그 자체를 서술하는 것만으로는 충분하지 않다는 것 정도는 나도 알고 있다. 그 뒤 몇 년이 지나 남북한 화해 무드가 되면서 어떤 웹진에서 이 지역과 관련해서 짧은 글을 써달라고 제안했을 때도 예전의 이 기억이 떠올랐지만 뾰족한 수가 없었다. 나를 섭외한 이유가 관련 자료를 보고 있는 연구자이기 때문일 것이고 내 입장에서는 그것도 중요했기 때문이다. 그래서 그동안 썼던 평양의 도시 구조라든가 지역적 특징에 대한 내용을 좀 더 읽기 쉽게 손을 봐야겠다는 정도로 생각하고 있었는데, 그 무렵 웹진 담당자는 평양의 명소를 소개하는 글 또는 평양냉면같이 평양의 특선 음식을 소개하는 글 중에서 선택했으면 좋겠다고 제안했다.

  자료 확보 문제로 결국 명소를 소개하는 글로 방향을 잡으면서 나는 다시 독자의 관심사 또는 독자의 배경 지식의 정도에 대해 다시 한번 생각해 보게 되었다. 여행이 가능하다면 어느 곳이 제격일까 하는 질문에는 이 도시의 사정에 대한 가치 판단이 없다. 부유하든 빈곤하든, 치안이 좋든 그렇지 않든, 역사적 유산이 풍부하든 그렇지 않든 관광 자체는 할 수 있고 상상하는 것도 괜찮으니까. 그런데 결과적으로 보면 무난한 듯한 소재라고 해도 이걸 처음부터 떠올리기가 쉽지 않았다. 우리가 쓸 수 있는 내용 중에서 최적인 것을 늘 잘 골라내는 것은 아니기 때문이다. 그동안 내가 썼던 글의 독자가 불특정 다수인 일반인이 아니었던 점도 있다. 그렇지만 나도 내 전공 이외의 분야에 대해서는 아는 게 전혀 없다. 내가 잘 모르는 분야에 대해 나는 무엇이 궁금하거나 어떻게 알려주면 흥미로울까. 애초에 이런 상상을 진지하게 해본 적이 없었던 것이다.

또 이때는 북한과 화해 무드였기 때문에 다들 언젠가 통일이 되지 않을까, 또는 그게 아니라도 조만간 금강산 관광처럼 교류가 재개되지 않을까 하는 막연한 기대를 품고 있다는 것도 여러 글을 검색하면서 알게 되었다. 금강산이나 백두산 외에 명사십리가 좋다더라, 개성은 어떨까, 개마고원은 어떤 모습일까 관심이 조금씩 일기도 했다. 나도 내가 잘 모르는 나라 이름을 들으면 수도가 어딘지, 유명한 곳이 어딘지, 특색이 무엇인지 같은 초보적인 질문을 하게 될 것이다. 그렇지만 이런 건 누가 일깨워주지 않는 한 금방 떠올리지 못하는 것이다. 그런 제안을 듣고 나니까 처음부터 왜 이 점을 생각하지 못했는지 스스로 한심하기도 했다. 이런 소재라면 가볍게 다가갈 수도 있겠고 익숙한 지명이 나오니까 배경 지식이 없이도 읽기 쉬울 것이며 읽고 나면 뭔가 약간은 알게 된 듯한 느낌도 들 것이다. 저자와 독자를 연결해 주는 편집자의 역할이 얼마나 중요한지 절감했지만, 아쉽게도 일반인 독자를 위해 글을 쓰는 상황에서 언제나 편집자가 옆에 있으면서 조언을 해줄 수 있는 것도 아니다.

편집자가 없다면 글 쓰는 나라도 제2의 편집자가 되어 독자의 상황을 파악하려고 노력할 수밖에 없다. 이제 외딴 방에서 글을 쓰는 시대는 완전히 지났고, 내가 글을 써도 관심은커녕 내가 글을 썼다는 것조차 모르는 사람이 대부분이다.

독자가 고정되어 있지 않기 때문에 여전히 검색은 중요하다. 독자는 이 사안에 대해 얼마나 알고 있을까. 최근에 이슈가 되거나 논란이 있었던 사안이라면 대부분 사람들이 상당히 많이 알고 있을 가능성이 높다. 주요 일간지나 주요 포털에서 손쉽게 발견할 수 있는 뉴스 기사에 나온 내용은 사람들이 많이 알고 있고 그렇기 때문에 이런 사안을 소재로 글을 쓰면 일단 한 번 볼 수도 있다.

만약 불특정 일반인 독자의 범위를 약간 좁힌다면 덜 막연할 것이다. 내 글의 독자가 나와 같은 세대라면, 나와 같은 직업군이라면, 나와 비슷한 관심사를 공유하는 사람들이라면 나는 이 집단에서 소소하게 화제가 되는 것이 무엇인지, 또는 이 사람들이 무엇을 고민하는지를 더 쉽게 발견할 수 있다. 내 글을 읽을 독자의 범위를 좁히는 대신 좀 더 명확하게 상상할 수 있는 독자군을 설정하는 것은 어찌 보면 영리한 선택이기도 하다.(세대를 뛰어넘어 누구나 공감할 수 있는 어떤 것에 대한 기대는 빨리 접는 편이 나을지도 모른다. 이해할 수 없는 사람들이 늘어나는 것은 어떤 시대를 특정 나이로 경험하는 유한한 수명을 가진 인간인 이상 어쩔 수 없는 일이다.)

또 하나 유의할 점은 내가 생각하는 것, 내가 옳다고 여기는 것, 내가 비판하는 것이 지금 우리 사회에서 일반적으로 인식하는 것인지를 확인하는 것이다. 나는 우리 사회 일반의 축소판이 아니기 때문에 어떤 문제에 대해서는 의견이 같지만 어떤 문제에 대해서는 소수의 입장에 설 수도 있다. 다수의 입장이냐 소수의 입장이냐를 먼저 확인하게 되면 글에서도 상당 부분을 정할 수 있다. 일반적으로 생각하는 것이 내 글의 특수한 주장일 수 없는 것처럼 소수의 생각을 전제로 삼고 이야기를 전개할 수는 없다. 다른 사람들이 내 글을 읽었으면 좋겠다는 욕망을 가진다면 나는 부단히 '나'의 위치에 대해 열심히 생각해야 할 것이다. 나는 독자보다 대단한 존재여서 글을 쓰는 것이 아니다. 독자가 내 글을 주목했다면 내가 쓴 내용이 어떤 의미에서든 그들에게 도움이 되었기 때문이었을 뿐이다.

3. 독자의 시선으로 본 내용 배치

• **어떻게 전달할 것인가**

　나는 결국 좋은 글이란 '괜찮은 내용'을 '적당한 방식'으로 쓴 글이라고 생각한다. 내용도 중요하다. 그래서 최대한 우리는 사람들이 좋아하거나 의미 있다고 생각할 법한 내용을 찾기 위해 고군분투한다. 내가 겪은 일 중에서 흥미롭거나 전할 만한 가치가 있는 것일 수도 있고 열심히 자료를 찾아본 결과 새롭거나 유용할 정보일 수도 있다. 우리 모두에게 중요한 일이지만 이해 관계가 첨예하게 맞부딪히는 일일 경우라면 실마리를 찾아 문제를 해결해 보는 것도 좋다. 그런데 이렇게 내용을 선정하는 것도 글쓰기에서 중요한 일이지만 현실에서 우리가 저 사람은 글을 잘 쓴다고 할 때에는 '구성', 곧 내용을 어떤 방식으로 제시하느냐를 말하는 경우가 대부분이다.

글의 내용 구성은 어떻게 시작해서 어떻게 끝맺느냐만을 뜻하는 것이 아니지만, 전체 글이라는 측면에서 어떻게 시작해서 어떻게 끝맺느냐를 단적으로 보여주는 것이 일명 '삼단 구성'이다.

'삼단 구성'에서 도입부와 마무리는 위에 '도입부', '마무리'라고 쓴다고 해서 그렇게 되는 것이 아니다. 구성이라는 것은 형식보다는 사실상 내용이 결정하는 것이다. 글 앞부분에 '도입부'라는 이름이 아니라 도입부에 해당하는 내용이 들어가야 하며, 마지막 부분에 마무리에 해당하는 내용이 들어가야 한다는 뜻이다.

그렇다면 이 글에서 정말 전달하고 싶은 내용은 어디에

나올까. 당연히 위의 그림에서 보면 사각형 부분이다. 도입부나 마무리에는 내가 정말 전달하고 싶었던 그 내용이 새롭게 나오지 않고 나와서도 안 된다. 그렇다면 왜 우리는 굳이 중요하지도 않으면서 분량만 잡아먹는 도입부와 마무리를 작성하는 것일까. 당연히 독자 때문이다. 독자는 이 글을 골라 읽기 시작할 때부터 다 읽을 때까지 결코 저자의 의도처럼 생각하지 않는다. 글 쓰는 사람은 내가 쓴 글에 대해 어느 정도는 만족하기 때문에 뿌듯한 마음으로 내 글을 읽고 공감하거나 칭찬해 줄 독자를 상상하며 흐뭇해할 것이다. 그렇지만 세상은 만만하지 않고 독자도 마찬가지이다.

내가 다른 사람의 글을 읽었을 때를 생각해 보자. 나는 손에 잡히는 모든 글을 다 읽었던가. 사람마다 읽는 스타일이 다를 수 있겠지만 내 경우에는 읽다가 그만둔 책이나 글이 꽤 많다. 그 책이나 글만 이 세상에 있는 것이 아니기 때문이다. 같은 대상에 대해 비슷한 논조로 쓴 글들은 상당히 많고 그중에는 내가 처음에 고른 글보다 훨씬 잘 쓴 글도 많다. 글쓴이는 독자가 내 글에 금방 이입해서 내가 쓴 글의 내용을 잘 따라오기 바라지만, 독자였던 나조차 그러지 않았다. 또 당연한 말이겠지만 누구나 글을 쓰는 세상에서는 별로인 글들이 너무 많다. 특별한 내용이 없는 글도 많고 최소한의 자료도 찾지 않은 불성실한 글도 많으며 처음부터 끝까지 이게 뭔가 싶은 글도 허다하다. 물론 내가 썼던 글도 상당수는 마찬가지일 것이다. 우리는 독자가 글쓴이를 아무 조건 없이 처음부터 신뢰와 애정으로 감싸주면서 읽을 것이라는 희망이나 기대를 버려야 한다. 물론 그럼에도 여전히 간절히 바라기는 하지만.

여러 방식으로 어떤 글을 읽기로 했다면 이제 읽기 시작한다. 분량이 짧은 글이라면 따지는 것들은 확실히 줄어든다. 우리가 제목을 보고 재미있으리라고 또는 도움이 될 내용이라는 예상이 빗나가는 일은 많기 때문에 짧은 글이라면 다 읽고 나서 별로라고 생각한다고 해서 읽은 시간과 노력이 아깝다고 생각하거나 분개하지는 않을 것이다. 다시 말하면 분량이 길어질수록 다 읽은 뒤에 기대에 못 미치게 될 때 그 실망감이 증폭될 수밖에 없다. 글을 읽는 동안 계속 시간을 들이고 글 내용에 집중하려고 노력할 테니까. 그러므로 처음에 봤을 때 아니다 싶은 글을 중간에 포기하는 것도 나름대로는 합리적인 판단인 셈이다.

독자는 어지간하면 끝까지 읽을 것이므로 처음에 과장하거나 허풍을 떨어봐야 마지막에 기만당했다는 분노만 끓어오를 뿐이다. 도입부는 갑작스럽지 않고 자연스럽게 내 글을 읽게 하기 위한 준비 단계이며, "이 글이 무엇에 대한 내용이고 내가 왜 이 글을 읽어야 하지?"라는 독자의 의문에 대해 답하는 부분이다. 더 간단하게 말한다면 도입부에서는 무슨 수를 쓰든지 독자가 위의 사각형으로 표시된 내용을 읽도록 유도해야 한다는 뜻이다.

따라서 어떤 부분에서는 확실히 솔직해야 한다. 예를 들어 이 글이 무엇에 대한 것인지는 정직하게 밝혀야 한다. 이것이 독자 입장에서 관심이 있었던 내용인지 아니면 읽어도 무방한 내용인지를 판단할 수 있다. 또 다른 하나, "내가 왜 이 글을 읽어야 하지?"에 답하는 부분은 더 성의껏 쓸 필요가 있다. 이 글이 읽을 가치가 있다는 것을 어필하는 대목이기 때문이다. 어떤 독자는 그저 이 글에서 다루는 대상에 관심이 있어서 읽을 수도 있다. 그렇지만 어떤 독자들은 대상 자체에 대해 잘 모르거나 무관심할 수도 있다. 그렇다고 내가 모르는 소재에 대해 쓴 글은 읽지 않겠다는 신념을 가진 독자는 별로 없다. 우리도 잘 알거나 좋아하는 대상에 대한 글만 읽는 것이 아니다. 내가 전혀 몰랐던 소재에 대해 쓴 글을 읽고 시야가 넓어진 적도 많기 때문이다. 따라서 글에서 중심에 둔 소재가 어떤 점에서 흥미롭다거나 유용한지를 서술하는 것이 생각보다 꽤 중요하다.

대신 글에서 가장 중요한 핵심 내용이 도입부에 나오는 것은 경계해야 한다. 이 부분에서 이 글의 핵심 내용이 다 나온다면 독자는 이 글을 끝까지 읽을 이유가 없기 때문이다. 나도 독자가 무난하게 이 부분을 통과해서 본격적인 내용이 나오는 대목으로 진입할 수 있기를 바라는 마음으로 도입부를 썼다.

얼마 전에 읽은 책은 매우 흥미로웠다. 그렇지만 나는 그 책을 읽으면서 되뇌고 또 되뇌었다. "번역서는 절대 안 돼."라는 문장 하나를.

번역가임을 제목에 밝힌 글의 아주 짧은 도입부이다. 도입부를 이렇게 쓴 의도는 그야말로 '흥미롭게 보이려고'였다. "번역가가 왜 번역서를 부정하는 거지?", "저렇게 싫어하면서 번역은 왜 한다는 걸까?"라고 궁금해하기를 원했다. 물론 시간이 지나고 다시 보니까 이 단락의 의미가 명확하게 전달되지 않았겠다는 생각이 든다. "번역서는 절대 안 돼."라는 표현은 말로 할 때는 맥락과 어조상 의미가 분명할 수 있지만 그런 상황이 명확하게 나오지 않은 상태에서 글로 쓰기에는 의미가 모호한 측면이 있다. "(원서를) 번역서로 내지 않겠다."는 의미로 읽기를 바라지만 "(원서를) 번역서로 읽지 않겠다."로 읽는다고 한들 이렇게 오독하게 만든 장본인이 이 글을 쓴 나라는 점은 변함이 없다. 그래서 그 당시 찜찜했을 때 수정해 달라고 요청하지 않은 것이 두고두고 아쉽다.

이 글보다는 약간 길게 썼던 또 다른 글의 도입부는 이랬다. 앞에서 언급한 평양의 명소를 소개하는 글의 도입부인데, 이 글을 쓸 때 가장 고민했던 부분은 독자는 나중에 통일이 된다면 또는 통일 이전이라도 북한 지역을 자유롭게 여행할 수 있게 된다면 평양에서는 어디를 가볼까 기대하는 상황이지만, 정작 글을 쓰는 나는 현대 평양이 아니라 전근대시기, 그것도 굳이 말하면 조선후기 평양에 대해서만 약간이나마 쓸 수 있는 입장이었기 때문에 전혀 다른 내용을 기대할 독자에게 이 글에서 쓸 수 있는 내용을 '정직하게' 고백하고 그렇지만 지금의 평양이 아니라고 해도 무의미한 것은 아니라는 점을 설득해야 했다.

  어떤 풍경은 꿈에서만 볼 수 있다. 갈 수 없는 곳이어서가 아니다. 장소가 의미 있는 것은 시간과 또는 상황과 결합해 있기 때문이다. 내가 어릴 때 뛰어 놀았던 허름하고 좁은 골목, 누군가와 갔던 눈 덮인 산사(山寺), 자칫 위험한 상황에 빠질 뻔했던 바닷가. 이런 기억들을 뗀 곳이 추억의 장소가 될 리 없다.

  분단된 뒤로 북한과의 관계가 좋아질 때마다 우리는 지금껏 막혀 있었던 북한의 명소들을 가볼 수 있게 되지 않을까 기대한다. 중국 북송대 문인 소동파도 한 번 보는 게 소원이었다는 금강산, 이렇게 더울 때면 여름 휴양지로 가고 싶은 개마고원, 곱고 부드러운 모래와 해당화로 유명한 원

산의 명사십리. 자연경관만이 아니다. 고려의 수도였던 개성과 지금 수도인 평양도 가 보기를 고대한다. 그런데 막상 그곳에 가면 우리가 보고 싶은 풍경이 펼쳐져 있을까. 쉽게 변하지 않는 자연경관과는 달리 도시는 끊임없이 변화한다. 예전 사람들이 평양이 얼마나 멋진 곳인지 이야기했을 때 그 아름다움은 높은 빌딩으로 가득한 현대적 도시의 모습은 아니었을 것이다.

  우리가 보고 싶은 평양은 어쩌면 조선 시대의 평양의 이미지일지도 모른다. 조선 시대 평양은 화려하고 풍요로운 도시로 명성이 높았고, 사람들은 평양의 여러 명소에 대해 수많은 글을 썼다. 조선 시대에 제작된 평양 지도를 보면 지금 우리에게도 낯익은 '연광정', '부벽루', '을밀대', '모란봉' 같은 지명을 찾아볼 수 있다. 평양은 중국 사신들이 한양에 왕래하면서 잠시 쉬던 곳이었기 때문에 둘러볼 만한 명소들이 곳곳에 산재해 있었다. 만약 우리에게 딱 하루만 평양에 갈 기회가 주어진다면 평양의 여러 명소 중에서 어디를 둘러봐야 할까. 어디든 나름의 정취가 있겠지만, 그래도 평양 하면 꼭 가야 하는 곳이 있다. 그곳의 진면목을 놓치지 않도록 하루 일정을 짜보았다.

이 도입부의 목적은 간단하다. 어떻게 해서든 사람들이 알 만한 내용으로 시작해서 이 글의 중심 내용이라고 할 조선시대 평양의 명소 이야기를 자연스럽게 할 수 있도록 발판을 만드는 것이다. 그러면 어떻게 해야 이 내용을 이끌어 낼 수 있을까. 내가 이 도입부를 쓸 때 떠올린 것은 평양이라고 할 때 사람들이 자연스럽게 떠올릴 만한 장소였다. 예를 들어 평양냉면이나 북한음식을 파는 식당 상호명 중에서 '을밀대', '능라도', '남포', '부벽루', '대동강', '모란봉', '청류벽'은 한 번쯤 들어봤을 법한 평양의 지명이다. 다만 이 지명이 낯익다고 해서 이곳에 대한 어떤 인상을 가지고 있는 것은 아니다. 가볼 수 없는 곳이기도 하지만 관심도 없고 이런 곳이 어떤 곳인지 알 수 있는 자료도 많지 않기 때문이다. 그래서 이 지명(또는 건물)은 경복궁이나 남대문처럼 모두 조선시대의 문화유산이라는 점, 또 그 당시에 사람들이 이곳들을 어떻게 바라보았는지를 아는 것도 흥미로울 것이라는 스토리를 만들었다. 곧 이 글은 생각나는 대로 쓴 것이 아니라 이 부분의 핵심 목표를 이끌어낸다는 명확한 의도 아래 구성한 것이다.

독자가 이 글을 읽게 하려고 부단히 애쓰는 부분이 도입부라면, 마무리는 다 읽고 나서 '잘 끝낸 느낌'을 주는 곳이다. 이런 마음을 가지게 하려면 몇 가지 요건이 필요하다. 독자는 분명히 긴 분량의 이 글을 읽었지만 내용이 복잡하거나 많은 내용이 나오면 내가 이 글을 제대로 읽었는지 확신이 들지 않는 경우도 있다. 그러므로 마무리에서 우리는 앞에 썼던 글을 요약하고 정리하게 된다. 인터넷에서 장문의 글을 쓰는 경우 가끔 사람들이 '세 줄 요약', '한 줄 요약'을 하라고 한다. 독자들은 글 마지막 부분에서 앞에 썼던 내용을 정리해 주기를 바라는 것이다. 내가 마지막에 그동안의 내용을 다시 간결하게 요약하는 것은 독자를 위한 친절한 서비스이다. 독자는 전체 글을 요약하는 이 부분을 보면서 자기가 제대로 읽었는지를 확인하며 안도할 수 있을 것이다. 어떤 사람들은 앞에 나온 내용을 단순히 반복하는 것이 싫을 수도 있다. 나는 이 글에서 하루 동안 둘러볼 수 있는 평양의 명소를 열거하면서 중심 내용을 구성한 뒤 마무리에서 다시 이것을 반복하면 자칫 너무 지루하지 않을까 해서 마무리 부분에 약간 다른 내용을 넣었다.

평양은 산수도 아름답고 경제적으로도 풍요롭고 유명한 기생도 많은 화려한 도시였다. 그래서 어쩌면 낮이든 밤이든, 번화한 곳이든 한적한 곳이든 평양을 구경할 때에는 언제나 음악과 기생이 함께 한다. 어쨌든 평양이라는 도시는 산수가 수려하고 풍경이 아름답고 멋진 건축물이 많다 해도 혼자서 조용하게 구경하는 곳이 아니었다. 평양은 사랑하는 사람들과 함께 음악을 듣거나 술을 마시며 즐겁게 웃고 떠들기에 최적화된 곳이었다.

생전에 평양에 꼭 가봤으면 좋겠다는 소원을 이야기할 때 그 속에는 기생과의 로맨스가 가능할 것도 같고, 남루한 현실을 잊게 만드는 화려한 곳이라는 이미지가 있다. 그런데 기생들과 악사들을 대동하고 술을 가지고 떠나는 이 즐거운 여행을 하려면 돈이 많이 들 수밖에 없다. 평양은 돈을 탕진하는 도시였다. 잠시 현실을 잊고 낭만과 즐거움을 누리는 대가로.

글의 주제가 선명하다면 다시 요약하는 것이 큰 의미가 없을 수도 있을 것이다. 보통 마무리에 넣는다고 하는 이 글의 한계나 앞으로의 전망 같은 것을 넣을 수도 있겠다.

그게 무엇이든 앞에 나온 것을 중복하지 않는 어떤 내용을 넣으면 글이 세련되게 보일 수도 있다.(그래도 전혀 관련 없는 내용은 곤란하다.) 그럼에도 지켜야 할 것은 도입부와 마무리는 내가 쓴 글의 메인 부분을 빛내주는 조연일 뿐이라는 것이다. 중요한 내용이 이 부분에서 '새로' 나오면 안 된다. 마무리에 들어있는 요약 및 정리에는 핵심 주제가 들어 있지만 이것은 앞에 나온 내용을 다시 쓰는 것에 불과하다. 내가 쓴 글의 이 마무리 두 단락의 내용은 앞의 내용과 겹치지는 않지만 평양의 명소를 소개한다는 글 전체 내용으로 본다면 전혀 중요하지 않고 없어도 무방하다. 따라서 굳이 말한다면 도입부나 마무리 자체가 없어도 상관없다. 그저 글이 전체적으로 봤을 때 안정된 느낌이 별로 없을 뿐이다. 도입부와 마무리는 글을 자연스럽게 시작하고 끝내는 역할을 담당하니까.

도입부와 마무리를 쓸 때에는 길지 않게 써야 한다는 점도 강조하고 싶다. 중요하지 않은 부분이기 때문이다. 그렇지만 많은 사람들이 도입부를 길게 쓰는 경향이 있다. 그냥 생각나는 대로 쓰는 것까지는 좋은데 마지막에 교정하면서 이 두 부분의 내용을 정리할 생각을 하지 않기 때문이다. 그런데 우리가 글을 쓸 때에는 어느 정도는 분량이 이미 정해져 있다. 칼럼을 의뢰받든, 어딘가에 투고를 하든 분량이 얼마든 모두 가능하다고 하는 경우는 거의 없다. 그러니 전체 분량이 정해져 있는 상태에서 이 두 부분이 길어진다면 필연적으로 정말 중요한 메인 부분의 분량이 줄어들 수밖에 없다. 그리고 중언부언하지 않는다는 가정 아래 말한다면, 분량이 내용이다.

- **분량과 분량과 분량과 분량!**

분량은 정말 중요하다. 그리고 분량으로 많은 것이 결판난다. 우리는 짧은 글을 쓸 때도 있고 긴 글을 쓰게 될 때도 있다. 써야 할 분량이 늘어나면 지칠 수는 있겠지만 짧은 글을 쓰는 것이 긴 글을 쓰는 것보다 훨씬 쉽다고는 할 수 없다. 글이 길든 짧든 독자가 글을 보고 만족하도록 해야 한다는 목표에는 변함이 없다.

내가 한글 문서에서 내 방식대로 편집했을 때 A4 2페이지는 원고지로 15페이지 정도 된다. A4 1페이지라면 정말 짧은 글이어서 초고를 쓴 뒤에 중복되는 내용을 쳐내려고 엄청난 노력을 하지 않는 이상 실질적인 내용이랄 것이 거의 없다.(실제로는 엄청나게 노력해도 이 정도 분량의 글에서는 내용이 빈약할 수밖에 없다.) 다시 말하지만 '분량이 내용'이기 때문이다. 분량이 긴 편이데도 내용이 빈약한 경우도 있다. 이미 썼던 내용을 여기저기에서 다시 반복하면서 '중언부언' 중이어서 그렇다. 나는 A4 1페이지를 넘겨야 그래도 어느 정도는 내용을 갖춘 글이 된다고 생각한다. 그런 점에서 분량이 짧은 글은 쓰는 입장에서는 쉽게 쓸 수 있을 것이라고 생각할지 모르겠지만 분량이 짧아도 독자 입장에서 글이 너무 단조롭지 않고 내용이 읽을 만한 가치가 있었다는 느낌이 들게 하려면 의외로 신경 써야 할 게 많다.

그중 하나가 분량이 짧은 글을 쓴다면 포인트는 하나여야 한다는 점이다. 이것은 이 글에서 가장 중요한 목표를 하나만 정해서 이것에 집중해서 쓰는 것이 효과적이라는 뜻이다. 예를 들어 문제를 해결하는 글을 쓰려고 한다. 주제는 "드론의 규제 완화를 위해 이런 방법을 써야 한다."라고 하자. 이건 내가 생각하는 어떤 문제를 이렇게 해결해야 한다고 주장하는 내용이다. 그러면 이제 독자의 입장에서 다시 이 내용을 바라보자. 이 주제를 봤을 때 우선 떠오르는 질문은 "이 주장은 드론의 규제 완화를 전제로 한 것인데, 이게 우리 사회에서 공유하고 있는 문제 상황인가?"일 것이다. 곧 어떤 사안의 경우 글쓴이는 너무 당연하게 이게 문제라고 생각하지만 다른 사람들은 그렇지 않을 수 있다. 지금 우리 사회에서 드론의 규제가 과도하다고 생각하는 사람도 있고 더 규제해야 한다고 생각하는 사람도 있다면 이 주장은 드론의 규제가 더 강화될 필요가 있다고 생각하는 사람들을 자기 글의 독자로 포기하는 것이다. 만약 누구나 공감하는 문제 상황이 있다면 해법을 모색하는 글을 읽는 독자들이 더 늘어날 것이다. 같은 사안이라고 해도 분량이 긴 글을 쓴다면 상황이 약간은 다를 것이다. 하나 하나에 대해 서술할 만한 분량이 있으니까 문제 상황이 이렇고

이 문제가 얼마나 심각한지 구체적으로 제시할 여지도 있었을 것이고, 이 문제를 해결할 수 있는 해법으로 어떤 것들이 이미 제시되었는지, 또 내가 그중에서 왜 이런 해법이 최선이라고 생각하는지도 설득할 수 있을 것이다. 문제는 분량이 짧은 글에서는 이 모든 것을 구구절절하게 다 쓸 수 없다는 점이다.

해법이 아니라 문제 제기 자체만으로 의미 있는 글을 쓸 수도 있다. 이런 경우가 사람들마다 의견이 갈리거나 사람들이 잘 인식하지 못하지만 글 쓰는 내가 지적해 보는 문제이다. 짧은 글이라면 문제 제기만으로도 의미를 가질 수 있다.

핵심은 분량에 맞춰 어느 정도로 범위를 좁힐 것에 있다고 할 수 있다. 많은 경우 어느 시점에 글을 쓰느냐에 따라 같은 분량이라도 범위가 다를 수 있다. 그 시점에 내가 활용할 수 있고 다른 사람도 접할 수 있는 '자료의 양'이 다르기 때문이다. 글을 쓸 때 내용의 범위를 정하는 것은 사실상 그 사안에 대한 자료가 얼마나 있는지로 정해진다. 자료가 별로 없고 이제 막 소개되었거나 알려야 하는 '낯선' 주제라면 정보를 알 수 있는 자료가 적을테니 상대적으로 범위가 커도 되겠지만 시간이 흘러 이미 사람들이 많이 논의했고 구체적인 자료도 어느 정도 나온 상태라면 모든 것을 담아낼 수 없기 때문에 어쩔 수 없이 분량을 고려해서 범위를 좁혀야 할 것이다.

또 다른 하나는 짧은 글이지만 단조로운 글이 되지 않도록 신경 써야 한다는 것이다. 곧 세부 내용은 약간씩 달라져야 독자도 글을 읽을 때 내용이 약간씩 달라지는 재미를 느낄 수 있다. 그 말은 분량이 짧은 글일수록 글쓰기 부담이 덜할지는 모르지만, 일단 초고를 쓰고 난 뒤에는 반드시 교정하는 단계에서 중언부언하지 않도록 내용을 정리하고 세부 내용이 약간씩 바뀌는지, 그래서 결과적으로 봤을 때 하나의 내용만 계속 반복하는 것이 아니라 주제를 도출하기 위해서 여러 가지 세부 내용의 변화가 있는지를 확인하면서 정리하는(실제로는 많은 부분을 쳐내는) 일을 해야 한다는 것이다.

삼단구성을 취한 글이라면 '비율'도 정말 중요하다. 짧은 글이라고 해도 언제나 글 전체에서 각 내용이 차지하는 분량과 비중이 적절한지를 유념해야 한다. 내 글에서 정말 중요한 대목이 어디이며 그 부분을 제대로 분량을 늘여서 강조하고 있는지는 글을 쓸 때도, 초고를 다 쓴 뒤 다시 읽으면서 퇴고할 때도 잊지 말아야 한다.

• **목표 지점을 설정하고 내용을 분류하기**

글을 쓰기 전에는 모두 다 막막한 감정에 휩싸인다. 그런 나를 위해서, 또 읽을 누군가를 위해서 이즈음에 우리는 '사전 개요'라는 것을 작성한다. 곧 이 세상의 어떤 글도 '마음이 가는 대로', '손이 가는 대로' 쓰지 않는다는 것이다. 때때로(생각보다 자주) 학생들은 '수필隨筆'이라는 장르의 글을 쓰면서 수필이 '붓이 가는 대로' 쓰는 글인데 마음 가는 대로 자유롭게 쓰면 왜 안 되느냐고 항변하기도 한다.

서구에서 수입한 서정, 서사, 극이라는 문학의 3대 장르 구분은 막상 다른 문화권에서는 그대로 사용하기에 어려움이 있다. 한국 고전 문학에서도 가사같이 애매한 부분이 있다 보니 '4대 장르' 식으로 약간씩 수정할 수밖에 없다. 문학의 장르를 더 넓혀서 말할 때 수필이 들어가는데 이때 '수필'은 사실상 다른 장르에 들어가기 애매한 글들을 넣기 위해 나온 것이다. '수필' 분류에 들어가는 요건은 서정, 서사, 극처럼 각각을 규정하는 그런 특징이 없는, 그래서 이른바 '무형식의 문학'이라는 표현을 쓰면서 상당히 많은 종류의 글을 포함하게 된다. 그러니 '수필'에 들어가는 요건은 '손이 가는 대로 쓴 글'이 아니라 '특정한 형식적 요건을 필요로 하지 않는다'가 될 것이다. 그렇지만 '수필'이 무슨 뜻인지도 설명하고 싶기 때문에 이 한자 단어의 의미를 글자 그대로 설명할 때도 있다. 그러다 보면 의외로 적지 않은 사람들이 수필은 자유롭게 상상의 나래를 펴서 아무렇게나 써도 되는 글쯤으로 생각하곤 한다.

그렇지만 글쓰기가 단숨에 써 내려가는 '일필휘지'가 가능한 영역일까. 그런 능력을 가진 사람이 분명히 있겠지만 일단 나는 그런 능력이 없고 글쓰기로 고민하는 대부분의 사람들도 비슷한 상황일 것이다. 애초에 그렇게 자기 마음대로 써내려 간 글, 속칭 '자유연상법'으로 쓴 글을 누군가에게 읽으라고 내밀 수 있다는 생각 자체가 놀랍기도 하다. 내 글을 누군가가 읽게 하려면 여러 의미에서 '성의'가 들어가야 하는데 그것은 괜찮은 내용을 뽑아 내려고 고민하는 것, 다른 사람들보다 더 자료를 찾아 보겠다는 노력을 뜻하기도 하겠지만 내가 전달하고자 하는 메시지가 설령 너무 무겁지 않은 내용이라고 하더라도 최소한의 논리 구성을 만드는 것까지를 포함하게 될 것이다.

글을 쓸 때 갑자기 아이디어가 떠올라 나도 모르게 썼는데 다 쓰고 보니 괜찮은 글이 되었다는 것은 모든 사람들의 희망 사항일 것이다. 어떤 전업 작가들은 그런 경험을 하기도 한다지만 대부분은 그보다는 더 노력이 필요하다. 그럴 때 보통 두 가지 방법이 있다. 하나는 글을 쓰기 전까지 내용을 고민하면서 어떤 내용을 어떤 순서로 쓸지를 최대한 구체적으로 정해 보는 것이다. 일명 '사전 개요'라고도 하는 이 과정은 논술시험을 쳐본 사람이라면 반드시 해 봤을 일이다. 순서대로 대충 어떤 내용을 쓰겠다고 짧은 단어 또는 구절을 써놓는, 일종의 계획표이고 그런 계획에 따라 글을 쓰면 각 부분마다 작은 목표가 생기기 때문에 글 쓰는 부담도 줄어들고 결과물도 훨씬 낫다.

  확실히 효율적이기도 하고 시행착오를 거칠 일이 줄어든다는 점에서 좋기는 하지만 대부분 그렇게 하기가 쉽지 않고 나도 마찬가지이다. 나는 사전 개요도 짜 보는 편이지만 경험적으로 보면 약간 긴 글을 쓸 때에는 그 계획표대로 완성하지는 않는 것 같다. 글을 쓰는 과정에서 계속 생각하다 보면 괜찮은 아이디어가 떠올라서 글을 쓰기 전에는 미처 생각하지 못했던 내용을 만들어 가는 경우도 다반사이기 때문이다. 다만 이런 경우에는 반드시 글을 완성하기 전에 다시 구성을 맞추는 과정을 거쳐야 한다.(그래서 나는 초고를 쓴 뒤 그 내용을 바탕으로 완전히 다시 쓰는 경우가 더 많다.) 이렇게 보면 특히 분량이 짧은 글은 한 차례 초고를 뚝딱 쓰고 오탈자를 고치는 정도로 퇴고를 하고 마무리를 하는 것이 아니라, 초고를 보면서 전체적으로 구성이 완정하게 정리하는 것에 더 신경을 써야 한다.

  위에서 말한 '삼단 구성'에서 도입부와 마무리의 역할은 각각 글을 자연스럽게 시작하고 끝내는 느낌을 주는 것이었다. 정말 중요한 부분은 그 가운데 있는 부분이다. 내가 말하려고 하는 본격적인 내용이 있는 이 부분을 편의상 '전개부'라는 표현을 쓰려고 하는데, 그 이유는 이 부분이 내용상 하나의 덩어리가 아니라는 점을 강조하고 싶어서이다. 곧 이 부분의 내용은 전체 주제와 관련되어야 하지만 우리가 독자라고 해도 처음부터 끝까지 똑같은 내용만 말한다면 이 글을 끝까지 읽을 필요도 없고 지루하기만 할 것이다. 그래서 이 전개부에서는 반드시 내용을 세부적으로 분류해야 한다.

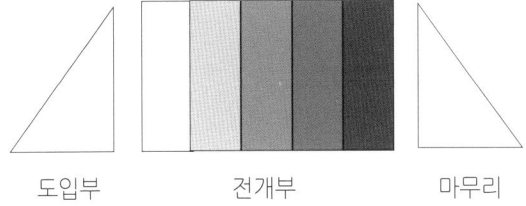

이렇게 내용을 분류할 때는 언제나 독자에게 그 점을 명료하게 알 수 있게 해야 한다. '단락'(문단)은 이런 상황에서 의미가 있다. 보통 단락을 '생각의 덩어리'라고 한다. 그 의미는 글 전체의 주제와 관련이 있지만 하위 수준에서 세부적인 내용으로 나눌 때 그 내용을 이곳저곳에 흩어 놓는 것이 아니라 한 부분에 모으라는 뜻이다. 이렇게 해서 단락을 시작할 때 들여쓰기를 하면 같은 내용을 담은 모든 단락이 시각적으로도 '덩어리'처럼 보인다. 내가 세 개의 내용으로 분류하고 세 개의 단락으로 구분했다면 독자도 세 개의 단락을 통해 직관적으로 내용이 세 가지임을 알 수 있을 것이다.

 단락이 어떤 내용을 모아놓은 것이라면 원론적으로는 그 단락의 일부만 열심히 봐도 글 전체 내용을 손쉽게 따라갈 수 있을 것이다. 단락을 잘 사용하면 확실히 독자들이 수월하게 글의 내용을 파악할 수 있다. 즉 시각적으로 글이 분류되어 있다는 느낌이 들지 않으면 독자가 글을 읽기도 쉽지 않고 어쩌면 처음부터 글을 읽을 엄두를 내지 못할 것이다. 단락이라는 것은 내용상으로 모아두는 점도 중요하지만 이것을 독자도 직관적으로 알아차릴 수 있게 시각화하는 것도 중요하다.

 물론 몇 개의 내용으로 나누기만 해서는 안 된다. 각 내용들은 반드시 어떤 식으로든 핵심 주제를 도출하는 방향성을 가지고 있어야 한다. '한 줄 요약'이라는 것을 우리는 보통 어떤 글을 읽고 나서 주제를 간략하게 요약하는 것이라고 생각하지만 글을 쓰기 전에도 내가 전하고자 하는 핵심 내용을 한 줄로 요약하고 그 목표를 잊지 않는 것이 중요하다. 곧 이 글의 핵심 내용(주제)을 설정하는 것이 글쓰기의 첫 번째 순서이다. 물론 글 자체는 처음부터 써내려가는 것이기 때문에 지금은 내용을 구상하는 단계, 또는 완성하기 전 글을 퇴고하는 과정에서 반드시 확인해야 하는 사항이다.

그러면 핵심 주제를 도출하기 위해 그전까지 내용을 어떻게 '분류'하고 '배치'해야 할까? 이 시점에서 글의 '소재'와 '주제' 문제를 생각해 볼 수 있을 것이다. 주제는 내가 전하려는 핵심 메시지이다. 예를 들어 '일상의 소중함'을 다시 일깨우는 글을 쓰고 싶다고 하자. 나는 전개부에서 일상이 소중하다는 내용을 곧바로 시작할 수 없다. 그러면 끝까지 그 내용을 중언부언하게 될 것이고 그러면 독자는 이 글을 끝까지 읽을 이유가 없기 때문이다. 또 메시지 자체는 누구에게나 의미 있는 보편적인 내용이지만 사실 우리가 이미 익히 알고 있는 내용이기도 하다.

그런데 이런 식의 메시지를 전하는 글에서 불특정 일반인을 독자로 생각한다면 당연히 주제는 보편적인 내용이어야 할 것이다. 그렇지만 독자가 글을 재미있게 읽기 위해서는 새로움이 필요하다. 곧 누구에게든 도움이 될 만한 내용이지만 누구나 알 만한 이야기라면 이것을 어떻게 '새롭게' 전달할 것인가가 이런 글에서는 관건이 될 부분이다. 이때 '소재'가 큰 의미를 가질 수 있다. '일상의 소중함'을 도출하기 위해 사람들이 잘 모르면서도 그냥 '남의 이야기'라고 생각하지 않을 법한 소재를 어떻게 찾아낼 것인가. 소재를 찾을 때에는 이런 점을 고민하지 않을 수 없다. 주제를 도출할 수 있지만 너무 뻔하지 않은 소재, 미디어를 통해 많이 나와서 대부분 다 알 만한 것이 아닌 소재. 늘 그렇지만 말은 쉬워도 실제로 괜찮은 소재를 찾는 것은 글쓰기에서 늘 고민하는 문제이다.

나는 일전에 어떤 곳에서 원고를 요청하는 메일을 받았는데, 선택지는 두 가지였다. 하나는 일종의 시사時事 칼럼이었고 다른 하나는 연구자로서의 소회를 쓰는 것이었다. 시사 분야는 아무래도 사람들이 관심이 많고 아는 것도 많을 것이므로 독자를 만족시키기가 어렵겠다는 생각이 들어서 큰 고민 없이 시사 칼럼을 포기했다. 그렇지만 학계의 이야기로 좁힌다고 해도 막막하기는 마찬가지였다. 몇 가지를 생각하다가 그동안 공역서를 몇 권 냈으니 독자에게 뭔가를 (감히) 가르치겠다는 생각을 접고, 경험담을 공유하고 서로 위로하는 글 정도가 내가 쓸 수 있는 최선이겠다는 결론을 내렸다. 번역서를 내는 연구자도 많으니까. 아주 특별하거나 새로운 내용은 아니겠지만 번역자가 출판 과정에서 겪었던 소소한 일들을 모두 공개하는 것도 아니니까. 또 내가 쓰게 될 번역자의 경험담은 이미 겪은 사람도, 앞으로 겪을 사람도 많을 테니까.

그렇게 쓴 짧은 글에서 소재는 '힘든 번역 출판 과정'이고 주제는 '(그럼에도) 연구자가 번역을 하는 이유'였다. 이 글을 썼을 때에도 어떤 착상이 떠올라 처음부터 술술 이야기를 풀어냈던 것은 아니었고 사전에 전체적인 구상을 했다. 당연히 먼저 정한 것은 주제이다. 주제를 정하는 첫 단계를 완료한 다음에는 이 주제를 잘 보여줄 만한 소재를 떠올려야 한다. 그렇게 고른 것이 '서럽기만 한 연구자의 번역 환경'이었다.

  곧 주제를 도출하기 위해 선택하는 것이지만 주제와 소재는 같지 않다. 우리가 쓰는 대부분의 글에서 '내용 전개'란 소재를 통해 주제를 도출하는 과정을 펼쳐 보이는 것이다. 주제와 소재의 거리는 분량에 따라 좀 더 고민해야 하는 지점이 있다. 결국 소재를 통해 주제를 도출해야 하는데 그 거리가 너무 가까워서 대체로 예상할 수 있다면 글을 읽는 재미는 떨어질 것이고 그 거리가 너무 멀다면 그 사이에 연결고리가 많아질 것이다. 결국에는 내가 쓸 글의 분량에 맞는 적당한 그 거리에 대해 고심할 수밖에 없다. 나도 짧은 글을 써야 했기 때문에 소재와 주제 사이의 거리는 짧은 편이었고 전개부 내용은 이렇게 구성했다.

> 공부 모임에서 번역을 하다가 괜찮은 책이라고 판단해서 출판을 결심

> 출판사에서 의뢰한 번역가와는 달리 경제적 보상을 받기 어려운 상황

> 처음부터 판권을 구입하고 번역한 것이 아니다 보니 겪은 곤란한 상황

> 연구자가 연구가 아닌 번역을 하는 것에 대한 자괴감과 번역의 어려움

> 그럼에도 학문 토대를 넓혀 주리라고 생각하기 때문에 번역한다는 것

색칠한 부분인 주제는 뒷부분에 위치한다. 뭔가 더 중요한 것이 뒤에 나와야 독자가 이 글을 끝까지 읽을 것이다. 이 주제를 도출하기 위한 내용들은 약간씩 다르면서도 나름대로 점층 단계로 구성되어 있다. 독자들은 글을 읽을 때 뒤로 갈수록 기대수준이 높아지기 때문이다. 우리가 글을 쓸 때 궁극적으로는 독자가 공감하거나 납득하면 가장 좋겠지만, 일단은 내 글을 끝까지 읽게 하는 것을 일차적인 목표로 삼을 수밖에 없다. 그러니 독자가 내 글을 읽을 때 일반적으로 어떤 마음일까를 상상하면서 최대한 맞출 수밖

에 없었다.

- **분류한 내용의 배치와 '내용 전개'**

　나도 나 자신에게 관대하고 다른 사람에게 엄격하다. 대부분 그렇지 않을까? 내가 쓴 글이 읽기 어렵고 별로여도 나를 아끼는 사람이라면 그래도 끝까지 읽어줄 가능성이 높다. 예를 들어 '우리 엄마'는 내 분야에 관심이 없는데도 내 글을 읽어준 거의 유일한 사람이었다. 글쓴이를 잘 알고 다소 애정도 있는 사람이라면 어떻게든 끝까지 읽으려고 할 것이다. 그렇지만 '불특정 일반인 독자', 곧 나를 모르는, 당연히 나에 대해 잘 모르고 애정도 없을 대부분의 독자들은 사실상 글을 끝까지 읽을 의무도 없고 이유도 없다.

　나도 마찬가지이다. 나도 글을 쓸 때에는 많은 사람들이 일단 끝까지 읽기를 바란다. 그렇지만 내가 다른 사람들의 글을 읽을 때에는 학생들의 과제물이나 꼭 읽어야 하는 상황이 아닌 이상 '선택'을 한다. 나는 많은 글을 고르지만 그 중에서 읽는 것 자체를 포기하는 글도 많다. 글 쓰는 고통이 크기 때문에 내가 글을 쓰면 모두가 그 수고로움을 상상하면서 읽어 줄 것 같지만 현실은 늘 냉혹한 법이다.

게다가 이제 세상은 예전 같지 않다. 누구나 글을 쓰고 그 글을 공개할 곳이 많다. 여전히 저널을 통해 논문을 공개할 수도 있고 출판을 통해 책을 낼 수 있지만 그조차도 사실상 문턱이 그렇게 높지 않다. 그 정도까지 갈 필요도 없다. 인터넷은 그보다 더 문턱이 없는 공간이다. 내 블로그에 글을 올려도 사람들이 그 글을 읽는다. 오히려 이제는 인터넷을 통해 글을 접하는 경우가 대부분이라고 해도 과언이 아니다.

그러다 보면 내가 글을 썼다고 해도 그 사실을 아는 사람이 전혀 없을 수 있다. 우리는 이 세상의 모든 글을 볼 수가 없다. 우연히 어떤 글이 있다는 사실을 '발견'할 수도 있고, 어떤 단어로 검색하다가 찾아서 보는 글도 있다. 글을 읽는 상황이 이렇다 보니 글쓰기의 과정에서 고려해야 할 것들도 달라졌다.

'제목' 같은 것이 그런 예이다. 독자인 우리는 글을 읽기 전에 일단 '제목'을 본다. 제목은 독자가 이 글을 읽을지 말지 판단하는 첫 번째 관문이다. 그렇다면 어떻게 해야 독자들이 읽고 싶은 마음이 드는 제목을 달 수 있을까? 독자의 입장에서 봤을 때에는 어떤 제목이 좋을까? 아마도 이런 질문을 들으면 여러 가지 좋은 제목을 떠올릴 것이다. 간결한 제목, 강렬한 제목, 낯선 표현을 쓴 제목, 여운이 남는 제목 외에도 좋아하는 제목의 요건은 더 많을 수 있다. 그렇지만 다시 생각해 보면 이렇게 다양하게 나오는 제목의 요건들은 어느 정도는 자기 취향을 담고 있다. 제목짓기에 대해서 나는 가장 기본이 되는, 곧 제목이 나타내는 범위와 본문에서 제시한 범위가 일치하기만 한다면 그 다음은 '좀 더 좋은' 수준에 대한 내용일 것이므로 각자가 자유롭게 고를 문제라고 생각한다. 다만 내가 글을 쓸 때에도, 내가 남의 글을 볼 때에도, 다른 사람이 내 글을 볼 때에도 가끔씩 깨닫는 문제는 '예쁘고 멋진' 제목을 붙이는 것이 정말로 중요한 것이 아니라는 점이다.

예전에 나는 조선시대 평양의 명소의 선정과 성격에 대

해 발표를 한 적이 있었는데 그때 내가 달았던 제목은 '평양을 찾는 사람들, 사람들을 맞는 평양'이었다. 약간 어색하지만, 너무 딱딱한 느낌이어서 제목만 봐도 읽고 싶지 않은 생각이 들까봐 나름대로 고심해서 지은 것이었다. 그런데 나중에 투고했을 때 심사위원이 보낸 조언 중에는 "본 제목만으로는 현 남북관계에 대한 연구 제목으로 오인할 소지가 있어서 연구 검색에 손해"를 볼 수 있으니 "조선 혹은 시기를 부제로" 밝혀주는 것이 좋겠다는 의견이 있었다. "더 많은 이들에게 열람되고 검색되기 위하여 초록과 결론, 그리고 제목에서 장소성이나 조선시대 등과 같이 명확한 키워드를 저자가 고려하여 수정"하라는 조언을 받았을 때 투고자로서 너무 감사했다. 그렇지만 제목을 달 때 '검색'을 고려해서 키워드를 조합해서 제목을 다는 것이 얼마나 유리한지는 나도 익히 알고 있었고 몇 년 동안 내 수업에서도 누누이 이야기했던 내용이라 사실 몰랐던 것은 아니었다. 그저 늘 그렇듯이 "자기 눈에 든 들보는 보지 못하고 남의 눈에 든 티끌은 잘 본다."는 말이 왜 금언인지를 스스로 증명했을 뿐이다.

내 글이 검색될 수 있게 제목을 달아야 한다는 것은 누구나 다 알고 있지만 우리가 보통 생각하는 것보다 훨씬 더 중요하고 글을 쓸 때 자주 잊어 버린다. 이 말은 '멋진 표현의 제목'과 '키워드로 조합한 제목'의 상황이 다르다는 뜻도 된다. 곧 독자가 책이나 글을 읽기 전에 제목을 보고 읽을지 말지를 판단할 때 제목에 나온 멋진 표현은 분명히 매력을 가질 수 있다. 그 말은 독자가 어떤 글을 읽을지 선택할 때 그 후보군이 있고 그중에서 읽을 글을 고를 때는 '멋진 제목'이 중요하다는 뜻이다. 그런데 지금은 글을 써서 공개할 곳이 너무 많다. 어쩌면 우리는 누군가가 아주 좋은 글을 썼다고 해도 죽을 때까지 그 사실 자체를 모르고 살 수도 있다. 또 우리는 어떤 글을 읽고 싶을 때 내게 주어진 제목을 보고 고를 수도 있겠지만 인터넷에서 검색해서 고를 수도 있다. 그러니 검색할 때 걸릴 만한 키워드를 제목에 넣는 것은 내 글의 조회수를 높일 수 있는 상당히 좋은 방법이다. 우리는 제시된 글에서 키워드를 찾아내는 방식의 교육을 받았지만 글쓰기에서는 내가 글을 쓴 뒤에 그 안에서 소재나 주제와 관련된 키워드를 뽑는 것이 아니라 독자라면 어떤 키워드를 검색어로 사용할까를 생각해 보는 것이 훨씬 더 유리할 것이다.

그러니 글 쓰는 전 과정에서 내 글을 읽을 독자의 마음을 놓치지 않으려고 노력하는 것이 필요하다. 우리도 독자이고 독자는 결코 만만한 존재가 아니다. 독자는 언제든 글 읽기를 중단할 태세가 되어 있다. 이 세상에 이 글만 있는 것도 아니고 이 글이 꼭 읽어야 할 정도로 엄청나게 훌륭한 글인지는 아무도 모르니까.

게다가 독자가 글을 처음부터 끝까지 순서대로 읽는다고 해서 글을 쓰는 사람도 그렇게 해서는 안 된다는 것도 고민되는 일이다. 앞에서 언급했듯이 누구든 글을 읽을수록 뭔가를 더 기대하기 때문이다. 어떤 글이든 읽다 보면 더 중요하고 새로운 내용이 나오리라고 기대하는데, 그런 기대에 부응하기 위해서는 좋은 아이디어가 그치지 않고 샘솟는 몇몇 특출난 사람들을 뺀 대부분의 나같은 사람들은 전체 내용을 먼저 짜보는 것이 최선일 것이다.

독자는 처음부터 읽어내려가고 뒤로 갈수록 더 많은 것을 원한다. 그렇다면 우리는 나중에 다시 쓸 각오를 하고 처음부터 글을 쓰면서 아이디어를 계속 떠올려서 초고를 쓰거나 그게 비효율적이라고 생각한다면 먼저 일명 사전 개요를 짠 뒤에 글을 쓰는 방식 중에서 택하면 될 것이다. 설사 초고를 써서 아이디어를 짜내는 경우라고 하더라도 다시 글을 쓸 때에는 쓰기 전에 내용을 정리하는 사전 개요의 단계를 빠뜨릴 수 없다.

이럴 때 구상의 순서는 독자가 글을 읽는 순서와는 전혀 다르다. 앞에서 언급한 번역 관련 글을 토대로 내가 했던 구상의 순서를 이렇게 정리할 수 있을 것 같다. 먼저 완성해야 하는 것은 도입부도 마무리도 아닌 전개부이다.

(문장 앞의 번호는 생각의 순서, '색깔 표시'가 추가된 부분, '진하게 표시'가 주제 부분)

1단계

(1) 그럼에도 학문 토대를 넓혀 주리라고 생각하기 때문에 번역한다는 것

2단계

(2) 공부 모임에서 번역을 하다가 괜찮은 책이라고 판단해서 출판을 결심

(1) 그럼에도 학문 토대를 넓혀 주리라고 생각하기 때문에 번역한다는 것

3단계

(2) 공부 모임에서 번역을 하다가 괜찮은 책이라고 판단해서 출판을 결심

(3) 출판사에서 의뢰한 번역가와는 달리 경제적 보상을 받기 어려운 상황

(1) 그럼에도 학문 토대를 넓혀 주리라고 생각하기 때문에 번역한다는 것

4단계

(2) 공부 모임에서 번역을 하다가 괜찮은 책이라고 판단해서 출판을 결심

(3) 출판사에서 의뢰한 번역가와는 달리 경제적 보상을 받기 어려운 상황

(4) 처음부터 판권을 구입하고 번역한 것이 아니다 보니 겪은 곤란한 상황

(1) 그럼에도 학문 토대를 넓혀 주리라고 생각하기 때문에 번역한다는 것

5단계

(2) 공부 모임에서 번역을 하다가 괜찮은 책이라고 판단해서 출판을 결심

(3) 출판사에서 의뢰한 번역가와는 달리 경제적 보상을 받기 어려운 상황

(4) 처음부터 판권을 구입하고 번역한 것이 아니다 보니 겪은 곤란한 상황

(5) 연구자가 연구가 아닌 번역을 하는 것에 대한 자괴감과 번역의 어려움

(1) 그럼에도 학문 토대를 넓혀 주리라고 생각하기 때문에 번역한다는 것

전개부에서 내용이 가장 먼저 확정되어야 하는 부분은 핵심 주제이다. 곧 나는 그동안 해외 연구서 번역을 하면서 주변에서 "연구서나 쓰지 경력에 도움도 안 되는 번역서는 왜 내느냐?"라고 안타까워하는 이야기를 듣고(실제로는 빨리 저서나 내라는 이야기였다.) 현실적으로 유리한 게 없지만 그럼에도 왜 지금 내가 연구서를 번역해서 출판하는 일을 하고 있는지를 말하고 싶었다. 내가 외국어를 매우 잘해서도 아니고 대단히 이타적이서 그런 것도 아니다. 그저 나는 내가 연구하는 영역이 해외 연구를 바탕으로 좀더 깊어지기를 바란 것 뿐이다.

나 외에 번역서를 출판하는 대부분의 연구자들도 비슷한 심정이겠지만 이런 번역 작업이 대부분 개인적인 차원에서 이루어지다 보니 그 과정에서 겪는 여러 가지 일들에 대해 공유할 기회가 그렇게 많지 않다. 좋은 의도로 이런 일에 뛰어들게 되면 이미 비슷한 경험을 한 다른 사람들이 모두 겪었던 어려움을 그제서야 알게 된다. 아마도 번역 출판의 환경이 이렇게 험난할 줄 알았다면 뛰어들지 않았을 것이라고 생각하는 사람이 분명히 있지 않을까. 또는 이것이 개인적인 차원의 문제가 아닌 만큼 환경의 개선을 위해 공론화하면 좋겠다는 생각이 들 수도 있을 것이다. 사실 나로서는 비슷한 경험을 했던 사람들끼리 공감하고 위로하는 것만으로도 위안이 된 부분도 있었다.

곧 이 글의 목표, 독자가 내 글을 읽고 어떤 마음이기를 원하는지를 고려해서 핵심 주제를 먼저 확정한 뒤에 그 주제를 효과적으로(새로운 느낌이 드는 등의) 보여줄 소재를 고른다. 그 뒤에 소재에서 주제로 어떻게 연결시킬 것인가를 생각하면서 내용을 분류한다. 이 글은 총 8개의 단락으로 이루어져 있는데 내 의도로는 도입부와 마무리도 있는 삼단 구성으로 짠 글이다. 삼단 구성에서의 역할과 생각의 순서를 다시 이렇게 정리할 수 있다.

[7, 도입부] 얼마 전에 읽은 책은 매우 흥미로웠다. 그렇지만 나는 그 책을 읽으면서 되뇌고 또 되뇌었다. "번역서는 절대 안 돼."라는 문장 하나를.

[2, 전개부-1] 나는 전업 번역가는 아니지만 공역서 몇 권을 낸 적이 있다. 학부 과정에서 또는 대학원에 진학해서 연구자의 길을 밟고자 하는 사람들은 여러 형태의 공부 모임에 참여하는데, 그중에는 괜찮다고 알려진, 또는 읽으면 도움이 될 것 같은 외국 학자들의 연구서를 나누어 번역하고 강독하는 모임도 있다. 내 경우에는 그렇게 읽은 책 중에서 "이 책은 출판하면 어떨까?"라는 소박한 생각을 가지고 번역서를 출판하는 힘난한 여정에 올랐던 것이다.

[3, 전개부-2] 전업 번역가라면 출판사에서 책을 선정하고 이 책의 번역에 적합한 사람을 섭외한 뒤 일정한 번역료를 지급하는 '업계의 일반적인 과정'을 밟아나가겠지만, 우리는 그렇지 않다. 우리는 그 책을 선택했기 때문에 출판

을 결심한 다음에는 출판사에 이 책을 출판해달라는 '요청'을 해야 했다. 가뜩이나 책을 팔기도 어려운 현실에서 (굳이 원하지 않았던 책의) 판권료를 내는 이중고를 감내할 출판사는 별로 없다. 몇 차례 번역서를 내면서 자비 출판이나 다름없이 인세를 현물(책)로 받는 일이 대부분이었고 어떤 경우에는 저자와 원서의 출판사에 지급할 비용을 감당하기도 했다.

[4, 전개부-3] 돌이켜 보면 결국 누가 원했던 것인가의 문제였던 것 같다. 그렇다고 해도 출판사가 원하는 책이었다면 우리가 번역자로 '간택'되지는 않았을 것이다. 번번이 초벌 번역을 마친 원고를 들고 출판사를 섭외해야 했던 우리는 어떻게 보면 진퇴양난에 처해 있었다. 이미 초벌 번역을 끝낸 책이니 손쉽게 출판할 것 같았지만, 그 외의 다른 일들이 해일처럼 우리에게 밀려왔다. 이미 너무 많이 왔다는 생각을 떨칠 수 있었다면 우리는 아마 금세 손을 놓았을 것이다. 외적으로는 얻은 것이 거의 없다는 사실을 떠올릴 때면 비감에 젖기도 했다. 우리가 원하는 것을 이루는 대신 그에 상응하는 대가를 치러야 했던 셈이다.

[5, 전개부-4] 전문 번역가가 아닌, '번역도 하는' 연구자

가 설 자리는 애매하다. 연구자의 입장에 선다고 해도 출판사가 고른 책보다 우리가 고른 책이 훨씬 더 훌륭하다고 자신할 생각은 없다. 다만 출판사는 판권을 구입하는 입장이고 그 상황은 다소 복잡하거나 미묘할 수 있다. 최근 책이 아니라면 저자의 생존 여부도, 내야 할 판권료가 얼마인가도 충분히 문제가 될 수 있다. 그런 사정 이전에 그 영역의 연구자가 책을 고르고 읽고 이 책은 출판하면 좋겠다고 판단할 때에는 많은 현실적인 요건을 거의 고려하지 않기 때문에 출판사와 이미 판권 계약이 완료된 책들 너머 어딘가에 숨어있던 괜찮은 책을 발견하기도 한다. 물론 그래서 간행된 지 오래된 책이라는 지적이나 폐업 직전이거나 판권 계약에 우호적이지 않은 원서의 출판사 등 예기치 못한 여러 상황에 '뒤늦게' 맞닥뜨린 적도 있다.

[6, 전개부-5] '번역도 하는' 연구자는 사실 그런 현실적인 고충보다 "다른 연구자를 빛내 주는 데에 왜 너의 소중한 시간을 들이느냐?"라는 물음을 들을 때 더욱 심란하다. 우리는 번역서보다 저서를 쓰는 것이 더 의미 있는 세계에서 살고 있고, '번역도 하는' 연구자도 연구가 본업이라고 생각하기 때문에 너무도 타당한 이런 지적을 들으면 쓰라린 심정이 된다. 또 많은 사람들이 번역서를 출간하는 게

훨씬 더 수월하다고 생각한다. 맞는 말이다. 그렇지만 번역서는 저서와는 달리 '눈 밝은 사람'들이 쉽게 오역을 찾아낼 수 있는 냉정한 무대이다. 학계에서는 통용되는 어휘나 구절이지만 일반 독자도 읽기를 기대하는 우리는 편집자와 머리를 맞대 가면서 부단히 교정하고 가독성을 높이는 데에 수많은 시간을 쓴다. 편집자에게 우리는 '준 저자'가 되어 작은 의문에도 어떻게든 해답을 마련해야 한다. 또 교정 기간 내내 우리보다 더 많이 읽었거나 더 많이 아는 사람들을 떠올리면서 오역에 대한 공포감에 휩싸인 적도 수없이 많다. 그리고 늘 그렇듯이 실수한 흔적은 어딘가에 남아 있다.

[1, 전개부-6] 연구자가 번역도 하는 이유는 사실 단순하다. 우리는 선한 사람이 아닐 수 있겠지만 기묘한 '선의'를 가지고 있다. 괜찮다고 생각해서 골라낸 책의 번역서가 우리 영역의 기초 지식이 되리라는 믿음, 번역서가 우리의 학문 토대를 넓혀 주리라는 믿음이 없다면 연구자는 저서나 논문을 쓸 시간에 자신은 이미 읽은 책을 새로 번역서로 간행하는 길고도 고된 일 같은 걸 하지는 않을 것이다. 누군가 이 일을 하면 우리 영역에 도움이 되겠지만 아무도 나서

지 않는 일을 (아무도 권하지 않았지만) 자원해서 떠맡은 느낌이랄까. 그래서 언제나 번역서가 나올 때면 다시는 이런 번거로운 일을 하지 않겠다고 다짐한다.

[8, 마무리] 그래서 '번역도 하는' 연구자는 의외로 '구글 번역'이나 '파파고', 'ChatGPT' 같은 강력한 번역기의 등장이 반갑다. 그렇지만 번역기의 발전으로 검토해야 할 선행 연구의 범위가 훨씬 넓어진 것을 체감한 기억이 별로 없기 때문에, 아직까지는 번역기의 발전이 경이롭다고 해서 이것이 곧바로 우리의 연구 영역에서 어떤 활기를 불어 넣어주리라고 확신하지 못하는 상태이다. 번역기가 발전하면 이용자가 부지런하게 번역기를 사용해서 많은 분량의 해외 연구서도 당연히 읽어야 한다고 생각하는 날이 올까. 정말 간절하게 바라고 있다. 번역서가 아니라도 일취월장하는 훌륭한 번역기를 통해 우리 영역의 연구자들이 더 넓은 학문 토대 위에서 시작할 수 있기를.

글을 잘 썼느냐를 판단할 때 그 기준은 이 글의 경우 도입부와 마무리를 제외한 전개부의 내용이 약간씩 내용이 달라지지만 결국 핵심 주제를 도출하는 방향성을 가지고 있으며 7번째 단락을 중심으로 봤을 때 필요한 내용이 그 앞에 있느냐이다. 내용이 약간씩 달라져야 독자가 지루해하지 않고 글을 읽어 내려갈 수 있으며, 약간씩 다른 내용이 모두 핵심 주제와 연관되고 핵심 주제를 이끌어낼 수 있어야 한다. 한 편의 글은 단일한 주제를 가지고 있어야 한다는 점도, 가벼운 글이지만 최소한 논리 전개를 통해 독자가 공감하게 하거나 납득하도록 독자의 기대치에 부응하게 해야 한다는 점도 나름대로는 염두에 두었다.

내용을 어떤 순서로 배치할 것인가는 사실 쉽지 않은 부분이다. 주제가 명확하게 나온 뒤에는 그나마 좀 낫겠지만 핵심 주제를 떠올려야 하는 상황에서라면 주제를 위해 중간 단계를 어떻게 구상할 것인가가 아니라 어쩔 수 없이 주제가 선명하게 나오도록 하는 그 과정을 밟을 수밖에 없다.

요즘처럼 인터넷에 데이터베이스가 잘 구축된 시대에는 그런 자료들을 이용하는 한 자료를 잘 찾았다고 칭찬받을 일은 없다. 나를 비롯한 고전 문학 연구자들이 언제나 이용하는 몇 가지 사이트가 있어서 대부분은 검색어를 통해 자료를 찾는데, 그러다 보니 아직 인터넷에서 검색하기 어려운, 그렇지만 자료 자체는 공개되어 있어 약간의 발품을 들여야 찾는 자료들은 손쉬운 일이 아니기 때문에 '자료 발굴'의 가치가 있다고 인정되는 편이다.

  나는 뜻하지 않게 그런 자료를 찾았는데 전체 구상 단계에서 계속 막혀서 이 글(논문)만 가지고 제대로 써보지도 못한 채 몇 달을 끌고 있었다.(물론 나는 초고를 쓰면서 아이디어를 뽑은 뒤 나중에 아예 다시 쓰는 편이라 여러 번 초고를 완성하려고 했을 때마다 늘 반 정도는 쓴 상태였다.) 결론적으로 말한다면 어쨌든 나는 글을 완성하기는 했다. 핵심 주제가 선명하게 나올 기미가 보이지 않아서 답답할 즈음에 가장 새로운 자료/정보를 글의 후반부(마무리 앞부분)에 배치하는 게 (내 글의) 독자의 기대수준에 부응하는 최선이라는 점을 새삼스럽게 떠올리고 나니 그럭저럭 전체 내용도 정리할 수 있었던 것이다.

독자	이 글은 무엇에 대한 글이고 내가 이 글을 왜 읽어야 하지?
단계	도입부
쓸 내용	글의 소재와 이 소재의 가치

독자	아까 언급한 소재가 정확하게 이런 것이었구나.
단계	전개부-1
쓸 내용	구체적으로 소재 서술

독자	글쓴이는 이 소재를 이런 식으로 보네.
단계	전개부-2
쓸 내용	핵심 주제를 도출하기 위한 중간 과정

독자	그래서 글쓴이가 결국 하고 싶은 말이 뭐지?
단계	전개부-3
쓸 내용	핵심 주제 제시

독자	내가 지금까지 읽은 내용이 뭐였더라?
단계	마무리
쓸 내용	요약 정리

구성, 특히 단락과 관련해서 앞에서 언급했듯이 보통 글쓰기의 기초 수준에서는 단락은 '생각의 덩어리'이며 하나의 단락에는 하나의 내용이 있다고 하지만 실제로 글은 마치 서사물처럼 내용이 '흘러가야' 한다. 구상을 하는 한, 글의 각 단계에는 큰 목표를 달성하기 위한 '작은 목표'가 있기 때문이다. 따라서 나는 앞에서 단락을 단일한 어떤 것

(A)으로 표현했지만, 사실은 일종의 '그라데이션'(B)에 가깝다. 이 단계에서의 작은 목표를 이루기 위해 더 작은 목표들을 하나하나 성취하면서 나아가야 한다.

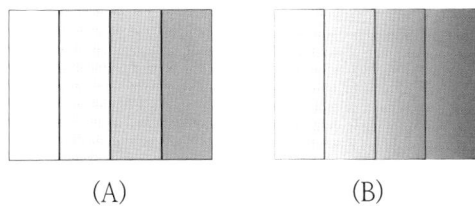

(A)   (B)

광해군과 동서지간인 박엽(朴燁, 1570-1623)은 인조반정 직후 갑자기 처형됨으로써 오랫동안 사람들에게 소소한 이야깃거리로 남았다. 처형의 명분은 평안감사로 있으면서 학정(虐政)이 심했다는 것이었지만, 다른 한편에서는 광해군에서 인조로 권력이 이동하는 상황에서 숙청되었다고 보는 시각도 있다. 어떤 사람들은 그가 행정과 군사면에서 유능한 인재였다는 점을 지적하기도 했다. 박엽에 대해서는 이미 그 당시에도 이해관계나 친소관계 등에 따라 상이한 평가가 나왔으며, 특히 후대로 가면 후금을 막아낼 수 있는 능력의 소유자라는 상상을 바탕으로 한 야담도 등장했다.

이 점에 주목한 선행 연구에서는 18세기 후반에 이미 박엽의 이미지에 변화의 조짐이 나타나며 19세기에는 매우 긍정적인 모습으로 변모하고 있어 처형 직후의 평가와 매우 상반된다는 점을 밝혔다. 그리고 이러한 변모는 자료의 성격으로 볼 때 구비 문화 향유자들의 상상력이 가미된 결과이며 그 바탕에 중화주의적 가치가 놓여있다고 해석했다. 박엽을 이인(異人)으로 형상화한 자료를 18세기 후반이 아니라 그보다 더 올라가서 박엽과 동시대 인물인 유몽인(柳夢寅, 1559~1623)의 『어우야담(於于野談)』에서 찾기도 한다. 관심사의 차이는 있지만 박엽에 대한 선행 연구들은 처형 직후 박엽의 이미지가 정치적으로 과장된 것이며 그런 점에서 박엽을 재평가할 필요가 있다는 문제의식을 공유하고 있다.

그런데 숙종대 이후 대명의리론이 강화되면서 전쟁 당시의 여러 기억이 변조되거나 재구성되는 사례가 박엽만이 아니라는 점을 다시 떠올릴 필요가 있다. 특정한 사건이나 특정한 인물들에 대한 기억이 후대에 달라질 때 궁극적인 목표가 재평가에 있는 경우, 서사는 현실적인 맥락 속에 자리하게 된다. 반면 박엽은 주로 야담 자료에서, 또 대부분 신이하고 비현실적인 형상으로 나타나기 때문에 설사 영웅적인 모습을 보인다고 해도 이것을 곧바로 박엽에 대한 재평가로 연결시킬 수 없다. 여러 선행 연구에서는 박엽이 1864년에 공식적으로 복관되었다는 점을 특기하고 있지만, 정치적 사면이 언제나 해당 인물을 재평가하고 당시 처벌되었을 때의 죄상을 무화한다는 뜻은 아니다. 야담에서 박엽이 긍정적으로 그려진다고 해도 박엽의 포악하고 탐욕적인 행위 이면에 어떤 대의명분이 놓여져 있었다거나 지역민에게 원성을 샀던 축성 자체를 긍정하는 양상이었던 것도 아니다.

　또 '구비문학 향유자'의 '중화주의적 가치'로 이해하기 위해서는 박엽과 전란을 연결시켜야 하는 문제도 있다. 평안도 관찰사의 전쟁 억제력이 설득력이 있는가와 별개로 박엽이 1623년 처형된 이후 정묘호란(1627)이나 병자호란(1636) 전까지 여러 명이 평안도관찰사를 역임했는데 이들에게 전쟁 억제력의 공이나 전쟁 발발의 책임을 돌릴 수는 없다. 오히려 박엽에 대한 전승담에서의 핵심은 인조반정 이후 처형된 북인계 인물 중에서 왜 유독 박엽을 신화화하는 양상을 보이는가를 해명하는 것이다. 본고에서는 박엽 관련 자료들의 주요 내용들을 재정리하면서 이 질문에 대해 논의해 보고자 한다.

이 글은 논문의 도입부(서론)로, 몇 가지의 논리가 연결되어 있다. 도입부의 목표는 마지막 단락에 있다. 곧 글쓴이가 이 글을 왜 쓰는지, 또 독자가 이 글을 읽어야 할 가치가 어디에 있는지를 밝히는 부분이 마지막 단락에 있다. 곧 광해군의 측근으로 성공가도를 달렸던 박엽이 인조반정 직후 폭정을 했다는 이유로 처형된 뒤 시간이 흐르면서 야담에서는 영웅의 모습으로 등장하고 있는데 그 이유가 무엇인가를 기존 연구의 해석과 다르게 재논의해 보겠다는 것이다.

[1단락] 인조반정 이후 학정으로 처형된 박엽
조선후기 야담에서는 영웅적 면모로 나타남
[2단락] 이 점에 착안한 박엽에 대한 선행 연구 정리
박엽의 재평가가 필요하다는 문제의식을 공유했음
[3단락] 그런데 재평가로 보기에는 야담 속 박엽의 이미지는 비현실적임
선행연구에서 제시한 사면, 복관을 무죄로 보기는 힘듦
[4단락] 인조반정 이후 처형된 북인 중에서 왜 박엽만 야담에서 영웅이 되었나?

> 앞으로 이 점을 논의해 보겠음

그래서 단락은 '생각의 덩어리'라고 말하지만 실제로는 어떤 단일한 내용이 반복되는 것이라기보다는 그 범위 안에서 '흘러가는' 형태를 취하고 있다. 그래서 실제로는 각 단락의 끝은 다음 단락의 시작과 맞물리는 모습으로 나타날 것이다.

이제 글을 다 썼다면 그 다음에 해야 할 일이 개요(목차) 작성과 제목 달기이며 이것이 끝나면 일단 초고를 완성했다고 할 수 있다.

그런데 개요(목차)는 모든 글에 다 작성해야 하는 것은 아니다. 우리가 글쓰기에서 '개요 작성의 방법'을 이야기한다면 보통은 글을 다 작성한 뒤 독자에게 보여주는 목차를 의미한다. 글을 다 쓴 뒤에 사라지는 '사전 개요'는 독자가 볼 수 없기 때문에 글의 짜임새를 위해 작성할 필요는 있겠지만 개요 작성의 방법까지 고려할 필요는 없다. 그래서 통상적으로 '개요 작성'을 '목차 작성'과 같이 보는 글쓰기 교재가 많은 것이다.

'개요槪要'의 축자적인 의미는 전체 내용을 요약한다는 것이며 이러한 개요 작성의 취지는 분량이 긴 글이라면 사전 정보 없이 독자가 이렇게 긴 글을 읽는 것이 심적으로 부담이 너무 클 것이기 때문에 "이 글이 내가 읽어야 할 글일까?"를 판단하도록 도움을 주는 것에 있다. 곧 무엇에 대해 쓰는지는 나와도 전체 글의 핵심 내용이 나오면 안 되는, 그래서 뭔지는 몰라도 흥미롭거나 읽는 나에게 도움이 되겠다는 생각이 들게 써야 하는 도입부와는 달리 개요는 '미스터리'해서는 안 된다. 독자가 글을 읽기 전에 제목을 보고 그 다음에 개요를 읽었을 때 "아, 이 글은 전체적으로 이런 내용인데 읽는 게/읽지 않는 게 좋겠다." 또는 "전체 글 중에서 이 부분은 읽을 필요가 있을 것 같아."라고 판단할 수 있게 내용이 나와야 하기 때문이다.

나는 예전에 원고지 50매 정도(A4 용지로 내가 편집한 규격으로 했을 때 대략 6-7매)의 분량으로 글을 썼던 적이 있다. 공저자들이 각각 그 정도 분량으로 쓴 글을 엮은 책에서는 각 글에 대해 개요를 달지 않고 그 대신 글을 내용별로 3-4가지로 나누어서 소제목을 붙이는 방식을 선택했던 기억이 난다. 그러니 현실에서 개요가 나오는 글이 최소한 어느 정도 분량인지를 확인하는 것도 중요하다. 결국 우리는 우리 사회에서 통용되는 글을 무난하게 쓰기 위해서 글쓰기 연습을 하는 것이니까.

보통 저널에 싣는 학술논문을 쓸 때에도 개요를 작성한다. 그런데 글쓰기 수업에서 수강생들에게 개요를 작성하라고 하면 (사실 분량이 긴 글이 아니므로 작성할 필요도 없지만 개요 작성을 연습하는 차원에서) 상당히 길게 작성해서 약간 놀라곤 한다. 보통 원고지 120-150매 정도의 분량을 권장하는 학술논문에 나오는 개요는 매우 간략하다. 왜냐하면 개요는 전체 내용의 요약이니까. 분량이 길수록 개요도 길어진다는 것은 말할 나위도 없다. 개요의 길이가 성의의 문제가 아니라는 것을 납득시키는 일이 생각보다 어려운데, 이런 어려움을 겪을 때마다 가끔씩 난감하고 의아하다.

개요에서 하나하나의 항목을 편의상 '개요 제목'이라고 할 때 개요가 글 전체의 내용을 요약하는 것이기 때문에 내용을 알 수 있도록 개요 제목에 '핵심어'를 넣어야 한다는 말이 나오는 것이다.

  삼단 구성을 취하는 글이라면 편의상 도입부와 마무리 역할을 한다는 것을 보여주는 개요 제목이 맨앞과 맨뒤에 붙겠지만, 그런 경우에 그 사이의 개요 제목을 '본론'이라고 붙이는 것도 나는 좋은 선택이라고 보지는 않는다. 서론-본론-결론으로 나오는 개요는 글의 내용을 보여주지도 못할 뿐더러 본론의 내용이 여러 가지로 분류되고 배치되어야 '내용이 전개'되는데 이 점도 보여주고 있지 못하기 때문이다. 개요와 같은 의미로 쓰는 목차目次의 글자 그대로의 의미는 '항목의 순서'이다. 구체적으로 내용을 분류하고 배치하는 과정에서 논리적인 전개를 스스로 확인할 수 있다.

  본론에 해당하는 내용을 몇 가지로 분류하는데 내가 작성한 개요가 괜찮은가를 판단하려면 앞에 썼던 내용을 다시 확인하는 과정을 밟을 수밖에 없다. 이 전개부 부분에서 핵심 내용은 후반부에 있고 그 앞에 나올 내용을 핵심 내용을 도출하기 위해 필요한 내용인가, 관련 없는 내용이 들어 있지 않은가를 꼼꼼하게 살펴야 하는 것이다.

중요한 내용이라면 구체적이면서 긴 분량으로 썼을 것이다. 마찬가지로 이것도 개요에서는 시각화해서 보여줄 수 있다. 하위개요가 있다는 것은 이 부분이 분량이 길고 이 부분에서 깊이 있는 내용이 나온다는 뜻이다. 상위개요와 하위개요의 위계 관계, 하위개요 사이에서의 동등한 위상 문제를 고려하다 보면 개요에 분류라는 글쓰기 방법이 적용되어 있다는 사실을 새삼스럽게 떠올리게 된다.

4. 그 다음의 이야기

- **'보여주기', 공감을 얻는 최선의 전략**

    기초 단계의 글쓰기 수업에서는 일명 '글쓰기의 방법'으로 여러 가지를 다룬다. 그중에는 묘사와 서사도 있다. 사람들은 묘사와 서사에 대해 어떻게 생각하고 있을까. 아마 아주 예전의 나처럼 스토리가 있는 서사물에서나 쓸 수 있으며 주로 작가들이 애용하는 '특별한 글쓰기 방법'이라고 생각할 수도 있을 것 같다. 그래서 주로 영화나 소설에 나타난 서사와 묘사 방법을 다루게 되는데, 그럴수록 일반인들은 '내가 쓸 일은 별로 없겠구나.'라는 생각을 하게 된다.

    보통 서사나 묘사를 '보여주기showing'라고 하는데, 실제로는 전업 작가 외에도 우리도 모르게 상당히 많이 쓰는 글쓰기 방법이다. 서사나 묘사나 핵심은 그런 경험을 해본 적이 없거나 자신과 무관하다고 생각하는 사람들에게 '감각적으로 재현'해서 생생한 느낌을 주는 것에 목적을 두고 있다. 감각적으로 재현한다는 것은 성격상 공통점을 기반으로 하게 된다. "물개는 무슨 생각을 할까요?" 우리는 알 수 없다. 인간은 물개가 무슨 생각을 하는지 전혀 상상할 수 없고(상상한들 사실도 아닐 것이다.) 그건 물개와 인간의 공통점이 아니다. 그렇지만 고통은 누구나 겪을 수 있으며 비슷한 감각일 것이다. 물개가 무슨 생각을 하는지는 알 수 없지만 물개도 맞으면 아플 것이다. 우리는 내가 맞았을 때 아팠던 경험을 통해 다른 존재도 그만큼 아프리라는 것을 짐작한다.

내가 처한 어떤 상황은, 또는 내가 겪은 어떤 일들은 말로 아무리 설명해 봐야 사람들이 귀담아듣지 않을 수 있다. 애초에 우리는 누군가가 자기의 관점을 섞어서 어떤 일들을 설명하는 것에 약간은 진력이 난 상태일 것이다. "내가 지난 여름에 갔던 그곳의 풍경이 너무 좋았어." 음, 우리는 어떻게 대꾸해야 할까. 그래, 그렇구나, 좋았겠다 정도로 대답하고 돌아설 것이다. 세상 사람들은 남의 일에 관심도 없고 내 감상에 일말의 호기심도 없다. 눈을 반짝이며 맞장구를 치는 사람이 있을 수도 있다. 그럴 때 그 사람은 내가 갔던 그곳에 가서 내가 말하는 그 풍경을 본 사람일 가능성이 높다. 그러니 그런 경험이 없는 사람들이 무심해하는 것도 당연하다. 아무런 정보 없이 단순히 결과에 해당하는 소감만 말하는 것에 관심을 기울이지 않는 이유는 그 안에 최소한의 '논리'도 없어서이다.

서사와 묘사가 '보여주기'라고 해서 아무런 목적도 없이 그냥 보여주는 것은 아니다. 서사와 묘사도 '글쓰기의 방법' 중 하나이고 글쓰기의 방법은 어떤 목적을 위해 사용하는 수단이다. 서사와 묘사는 주제(메시지)가 아주 선명하게 드러나지 않을 수는 있어도 반드시 그런 방식으로 보여주는 이유가 있다. 그리고 거기에는 '관점'이 매우 중요하게 작용한다.

그렇다면 서사와 묘사를 '글쓰기의 방법'으로 사용하는 이유는 무엇일까? 우리의 경험이 너무 얕기 때문이다. 우리는 이 세상의 모든 것을 다 경험하면서 살 수 없다. 또 내가 겪은 일들이나 내 상황을 모든 사람들이 다 잘 알고 있는 것도 아니다. 나의 어떤 경험을 다른 사람들이 이해해 주거나 알아 줬으면 좋겠지만, 그 일을 경험하지 않은 사람이라면 공감하기도, 이해하기도 힘들 것이다. 그래서 살면서 일반적으로 겪었을 일들을 토대로 '감각적으로 재현'하는 것이다. 그래야 생생하게 눈앞에 있는 것 같고 '간접체험'을 했지만 그 일을 겪는 것 같은 느낌이 들게 하기 때문이다.

서사와 묘사는 독자에게 스토리를 떠올리게 하느냐, 아니면 어떤 모습이 눈앞에 있는 것처럼 보이게 하느냐의 차이는 있지만, 여러 글쓰기 방법 중에서 둘이 같이 묶이는 이유는 공통점이 있기 때문이다. 그 두 가지 공통점은 디테일을 살려야 한다는 것과 객관적으로 표현해야 한다는 것이다. 디테일을 살려야 감각적으로 체험하는 느낌이 들게 할 수 있고 객관적으로 표현해야 서사와 묘사를 활용해서 쓴 글을 읽은 대부분의 독자가 거의 똑같은 것을 상상할 수 있기 때문이다. 그렇게 했을 때 우리는 우리가 겪지 못한,

그렇지만 현실에 엄연히 존재하는 또 다른 세계를 이해할 수 있게 된다.

이제 날이 어두워졌다. 연광정이나 부벽루에서 날이 새도록 밤 잔치를 열었다지만, 이 화려한 도시에도 달밤의 호젓한 정취를 가지고 있는 숨은 장소가 있다. 배를 타고 대동문까지 와서 다시 성문을 통과해서 오른쪽으로 가면 네모난 연못인 풍월지(風月池)가 나온다. 이 연못에는 연꽃이 있고 그 이름을 따 지은 애련당(愛蓮堂)이 있다.

네모난 연못의 한가운데에는 작은 섬이 있는데 애련당은 그 섬에 지은 3칸짜리 작은 건물이다. 애련당으로 가기 위해서는 연못가에서 가운데 섬에 놓인 다리를 건너가야 한다. 사방이 뚫린 애련당에서는 사방에 핀 연꽃이 보인다. 그윽하고 한가한 정취가 절로 느껴질 것이다. 소나기가 지나가면 구슬이 흩어지는 소리가 들리고, 때때로 바람이 살랑거리며 불어온다. 연꽃은 햇빛을 받아 눈부시게 빛난다. 그러나 애련당과 가장 어울리는 때는 달빛 나리는 밤이다. 밝은 달빛에 이슬이 맺혀 있고 연꽃 향기가 진하게 스며드는 그때, 연못은 거울처럼 맑게 주변의 경물을 비춘다.

이곳은 크지 않기 때문에 몇몇 사람들과 작은 술자리를

열면 거문고 소리와 맑은 노랫소리로 세상과 떨어져 있는 느낌을 가질 수 있었다. 애련당 하면 사람들이 낭만적으로 떠올리는 정경도 있었다. 18세기 인물 이의봉(李義鳳)은 1760년에 중국에 사신으로 갔던 일을 기록한 『북원록(北轅錄)』을 남겼는데, 그때 평양 주민들이 애련당에 대해 한 이야기를 이렇게 소개하고 있다. "바야흐로 하늘에서 어여쁜 달이 드러나고 연꽃 향기가 풍길 때 어린 기생들이 노란 저고리에 붉은 치마를 입고 비단 닻줄을 끌거나 노를 두드리면서 노래를 부르고 춤을 추는데, 연못을 빙 두르면서 잎과 꽃 사이로 보였다 가려졌다 하는 것이 애련당의 멋진 풍광입니다."

이 글은 묘사를 사용했다. 그런데 당연히 이 글을 읽는 현대의 독자는 평양을 간 적도 없고 애련당은 더더욱 볼 수 없다. 아예 지금은 없는 곳이기 때문이다. 그렇지만 주어진 정보를 통해 애련당이 어떤 곳인지를 대략 재구성해 볼 수는 있다. 나는 애련당에 대해 쓴 여러 산문들에 나온 묘사를 조합했다. 평양의 동쪽 성문 대동문 안으로 들어가면 네모난 연못이 있고 연못 가운데에 작은 섬이 있는데 애련당은 그 섬에 지은 건물이다. 연못 가운데 섬에 있으므로 애련당은 사방으로 열려 있고 연못가에서 애련당으로 가기 위해서는 다리를 건너야 한다.

눈여겨 볼 점은 여기에 묘사한 사람의 관점이 드러나 있다는 것이다. 묘사나 서사는 객관적으로 표현되어야 하지만 그렇게 표현된 것이 객관적인 사실 그 자체는 아니다. 애련당에 대한 이미지는 반드시 이렇게 호젓한 분위기로 나오지 않을 수 있다. 어떤 사람들은 애련당의 낡은 모습에 실망하거나 애상에 젖을 수도 있고 어떤 사람들은 떠들썩하게 노는 모습으로 기억할 수도 있다. 이렇게 다른 분위기도 애련당의 이미지 중 하나일 것이다.

이 묘사에서는 달빛이 밝은 조용한 밤에 애련당 연못에 연꽃이 피어 향기가 풍기는 정경을 가장 정취가 있는 모습으로 나타냈다. 하늘에는 달이 보이고 고요한 밤 연꽃 향기가 풍길 때 애련당을 둘러싼 연못에 기생들이 배를 띄우면서 노래 부르고 춤추는 풍경을 애련당의 대표적인 풍경으로 꼽은 것이다. 이런 묘사를 사용하는 목적은 무엇일까? 이 글의 후반부를 보면 이의봉이 평양 주민에게 들은 이야기가 나오는데 이의봉은 이 이야기를 듣고 나서 어떤 생각을 했을까? 언젠가 애련당에 가서 그런 경험을 하고 싶었을 것이다. 평양 주민의 이 전언은 이 당시 이의봉이 가지고 있었던 평양의 이미지와도 잘 들어맞았다.

이 글에서 애련당을 이렇게 묘사한 것도 조선시대 사람들이 좋아한 애련당의 이미지를 전하고 싶어서이다. 서사나 묘사를 통해 나온 내용은 반드시 어떤 목적(의도)에 따른 것이며, 그런 점에서 우리가 일반적으로 쓰는 서사와 묘사 글이 결코 객관적이기만 한 것은 아니다.

서사와 묘사는 일종의 글쓰기 방법이고 이런 방법을 통해 어떤 주제를 전달하려는 것이 목적이기 때문에 아무리 논증적인 글이 아니라고 해도 근거를 제시하는 '최소한의 논리'를 담고 있다. 곧 내가 묘사 하나 없이 애련당이 호젓한 곳이라고만 하면 독자는 어떤 생각이 들까? 좋게 봐도 "그렇다고 하니까 그런가 보다."라고, 좀 더 나쁘게 보면 "밑도 끝도 없이 무슨 말이람?"이라고 생각할 것이다. 어쨌든 글이라는 것은 어떤 장르든 독자가 납득할 수 있게 하기 위해 최대한 노력해야만 하는 것이다.

소설 같은 서사물에 서사나 묘사가 많이 쓰이는 것은 사실이다. 이런 방법은 '감각적인 재현'에 목적을 두고 있어서 전하려고 하는 이야기든 상황이든 인물이든 독자가 마치 대면하고 있는 것처럼 생생하게 보이게 하는 것이 중요하기 때문이다. 그러니 허구적인 스토리나 허구적인 인물이라도 묘사를 잘 하면 독자는 읽는 그 순간만은 실제보다 더 실제처럼 생각해서 그 가상인물의 희로애락에 함께 웃고 함께 울 것이다.

그런데 일반인들이 체감할 수 있는 글 중에서 서사나 묘사를 의외로 많이 쓰고 있는 것이 바로 '뉴스 기사'이다. 어떤 기사는 이런 사안에 관심도 없을 독자를 대상으로 왜 이 사안이 중요하고 시민들이 눈여겨보아야 하는지 호소하는 것을 목표로 삼기 때문이다. 현실의 많은 일들은 대부분 일부의 이야기이지 모든 사람들과 관련된 것이 아니다. 자식이 없는 사람에게 아동학대는 남의 일일 것이며 동물을 키우지 않는다면 동물의 고통도 남의 일일 것이다. 내가 너무나 불운해서 부당한 일들과 억울한 상황을 겪었다고 해도 이 세상 사람들이 모두 그런 일을 경험하지 않기 때문에 그런 사람들에게 나의 비극은 '남의 일'로 치부되기 쉽다.

그런데 그게 우리 사회의 문제를 개선한다는 공익과 관련지을 수 있다면 기자는 독자 모두의 일이 아니라고 해도 왜 이런 일들에 귀 기울여야 하는지, 우리 사회에서 왜 이런 일을 당연하거나 자연스러운 것으로 생각하고 넘어가서는 안 되는지를 독자에게 설득하려고 할 것이다. 묘사나 서사는 그럴 때 생각보다 훨씬 '강력한' 방법이다. 그 힘은 "범죄자에게 서사를 부여해서는 안 된다."는 말로도 짐작할 수 있다. 서사나 묘사는 잘만 쓴다면 대상에 대한 심적 거리감을 좁혀주는 강력한 방법이 되기 때문이다. 심적 거리감이 사라지면 우리는 서사나 묘사 대상에 대해 공감을 하게 되고 나아가 친밀감을 느끼게 된다. 범죄자의 불우한 유년 시절이나 고통스러운 경험을 조명해서 그가 저지른 범죄와 연관시킨다면 이 사람에 대한 동정과 연민으로 그 범죄의 잔혹함이 분명히 어느 정도는 희석될 것이다. 우리는 논리와 이성만 가지고 살아가는 존재가 아니다. 우리는 연민과 동정, 그런 일을 나도 겪을 수 있다는 두려움이라는 감정만으로도 무엇인가를 행동으로 옮긴 적이 있다.

- **'글은 그 사람이다', 글을 바라보는 또 하나의 시선**

"글은 그 사람이다."라는 말을 많이 한다. 글을 보면 그 글을 쓴 사람이 어떤 사람인지 알 수 있다거나 문체에 그 사람의 취향이 들어있다거나 그런 뜻일 것이다. 글에 쓴 사람의 의견이 담겨 있을 테니 글과 글쓴이가 완전히 분리될 수는 없겠지만 글을 잘 썼다고 해서 그 사람이 괜찮은 사람인지 나는 잘 모르겠다.

우리가 어떤 한 가지로 규정될 수 없을 정도로 다면적인 존재라고 한다면 글을 통해 그 사람을 볼 수 있다는 것이 말이 되는 것일까? 정확하게 말하면 글은 글쓴이가 어떤 사람인지를 그대로 대변하고 있다기보다는 글쓴이 자신이 독자에게 보이고 싶은 인물의 이미지를 글에 구현한 것인지도 모른다.

사람의 매력은 종종 글의 내용을 뛰어넘는다. 글쓴이가 유명한 사람이고 독자인 내가 좋아하는 사람이라면 그 사람이 쓴 글이 얼마나 좋은지는 단번에 부차적인 것이 될 것이다. 독자인 나는 그 사람을 좋아하니까 그 사람의 글도 좋게 보일 것이다. 우리는 똑같은 행동이라고 해도 그 사람의 평판, 또는 그 사람과의 관계 등 외적인 이유로 달리 판단하는 경우가 있다는 것을 알고 있다.

글쓴이를 모르는데 그 글에 나타난 재치와 위트, 문체가 좋게 보일 수도 있다. 내가 독자라면 그 사람을 만나서 정말 그런지 확인할 수 없기 때문에(글에서만 재치가 넘치는 경우도 상당히 많다.) 그 글에 나온 것만 가지고 글쓴이를 상상해보려 들 것이다.

그렇다면 글을 쓸 때 이런 질문도 해볼 수 있다. 나는 독자에게 어떤 사람으로 비치고 싶은가? 사람들은 어떤 사람을 좋아하는가? 나는 글쓰기가 주업인 사람들은 대체로 의식하든 그렇지 않든 간에 독자가 자신에게 호감을 가지도록 자신을 '꾸미는' 경향이 있다고 생각한다. 그것은 진실하거나 정직하지 못하므로 잘못된 행동이라고 말하기도 어렵다. 어떻게든 자기 글을 누군가 읽었으면 좋겠다고 생각한다면 자연스럽게 취할 행동일 것이다.

글에 나타난 나의 이미지는 각자의 취향 문제일 것이라 일률적으로 말할 수 없다. 일단 이 책에서는 글쓰기의 기초 단계에 초점을 두고 있는 만큼 글쓴이의 '성의'라는 문제를 먼저 짚어보고 싶다.

앞에서 나는 글쓴이의 성의는 자기가 글을 쓰고 싶은 사안에 대해 최대한 자료를 찾는 노력에서 드러난다고 했었다. 그런데 그보다 더 기본적인 것을 맞춤법 같은 어문 규정을 얼마나 잘 챙기느냐로 볼 수 있다고 생각한다. 지금은 사람들의 학력이 매우 높아졌기 때문에 맞춤법이나 띄어쓰기, 비문 같은 어문 규정으로 그 사람의 지적 수준을 가늠하는 시대는 지난 것 같다. 인터넷에는 손쉽게 찾아볼 수 있는 사전도 있고 여러 포털사이트에서는 맞춤법검사기 서비스도 제공하고 있으며 정말 놀랍게도 문서프로그램의 맞춤법 교정 기능은 정말 소름 끼칠 정도로 정교해지고 있다. 그런데 어문 규정에 맞지 않는 '틀린' 글을 쓴다면 그건 누가 잘못일까? 물론 그런 잘못은 어문 규정을 몰라서라기 보다는 잘 챙기지 않았거나 순간적으로 실수를 해서 생겼을 것이다. 독자는 이렇게 맞춤법이나 띄어쓰기, 비문이 한두 군데 정도가 아니라 정말 여러 곳에 산재한 이런 글을 보면서 무슨 마음이 들까. 내가 독자라면 나는 이 사람은 자기 글을 독자에게 보여주는 것에 대해 진지하게 생각하지 않는 사람이라고 볼 것이다. 이것은 그야말로 잠깐 검색하거나 교정하면 거의 고칠 수 있는, 그렇지만 그런 쉽고 간단한 일조차 하지 않는 '무성의한' 마음을 보여주는 것이다.

　기노시타 데쓰야는 주자학(朱子學) 연구로 유명한 학자이지만 학문 역정의 출발점은 청대의 고증학이고 이 책은 그가 7, 80년대에 썼던 논문들을 90년대에 정리한 단행본이다. 주자학 연구에서 보여준 사변성과는 달리 고증학 연구에서는 고음학에 대한 일련의 연구와 청대 학술의 동향, 청대 사회 상황 같은 안팎의 문제를 다루고 있어서 이후 그의 관심사가 주자학, 또 철학적이고 사변적인 경향으로 변모한 것이 이채롭기도 하고 결국 주자학 연구의 기틀이 청대 고증학의 텍스트 자세히 읽기라는 언어학적 접근에서 다져진 것이 아닌가 하는 평가를 받고 있는, 다소 독특한 학문 이력을 가진 학자이다. 역자들은 우연한 계기로 접한 이 책을 매우 흥미롭게 읽었기 때문에 이 책을 출판하려고 열심히 노력했고, 그 과정에서 저자가 작고한 뒤에 이전의 논문들을 엮어서 낸 『청대학술과 언어학』의 「서언」과 「후기」

<u>를 보게 되면서 죽음을 앞두고 병상에서 병문안을 온 동료 학자들에게 초창기 연구 대상이었던 고증학 논문을 정리하고 싶다고 한 마지막 열의와 그 소망이 사후 동료 연구자들을 통해 이루어지는 과정으로 저자의 열정과 저자에 대한 동료 연구자들의 애정을 읽을 수 있었다.</u> 최근에 고증학과 청대 학술 관련 책들이 국내에 계속 소개되고 있는데, 참으로 고무적인 일이라고 생각한다. 그렇지만 고증학은 여전히 국내에서는 안개가 낀 듯 흐릿한 모습이어서 좀 더 선명하고 구체적인 형상으로 나아갈 수 있기를 바라며, 이 책이 국내에서 고증학에 관심을 가지는 작은 계기가 되었으면 한다.

나는 많은 부분에서 약간의 '강박'이 있어서 그래도 열심히 고치는 편이다. 그런데 이 글을 보면 정말 무슨 생각으로 글을 썼나 싶다. 공역서를 소개하는 이 글이 어떤 점에서 부족한지는 하나하나 말할 수 없이 많지만 이 단락을 볼 때마다 지금도 "이걸 다시 확인했을 때 고쳐달라고 할 걸."이라고 뼈저리게 후회한다. 이 단락을 읽은 독자가 혹시 세어 봤는지 모르겠지만 비교적 긴 이 단락에 있는 문장은 놀랍게도 5개이다. 위에서 밑줄 친 2개의 문장은 그야말

로 문제적이다. 대부분의 글쓰기 강좌나 글쓰기 책에서는 사람들에게 문장을 짧게 쓰라고 권하지만, 그 진의는 문장은 짧은 게 무조건 좋다는 뜻이 아니다. 문장은 짧게 쓸 수도 있고 길게 쓸 수도 있다. 그러나 문장 쓰기에 엄청난 공을 들이는 전업 작가라면 여러 차례 교정하면서 비문이든 뭐든 문제가 될 부분을 최대한 고쳐서 독자가 자연스럽게 느낄 수 있게 다듬었을 것이다. 전업 작가가 아닌 대부분의 사람들은 그렇게 공들여서 글을 다듬지 않는데 나도 예외는 아니었던 것 같다. 문장의 길고 짧음은 글에 리듬을 만들어낸다. 읽었을 때 숨이 가쁘다고 느낄 정도라면 확실히 문제이다. 나는 이 글을 보내기 전까지는 이런 문제를 전혀 못 느끼고 있었다가 업로드가 되었을 때 비로소 발견하게 되었다.(그러니 우리같은 사람들은 그냥 문장을 짧게 써야 나중에 후회할 일이 적을 것이다.) 그런데 왜 그랬는지 내 마음을 나도 모르겠다. 고쳐달라고 하는 것이 담당자를 번거롭게 하는 것이 아닌가 하는 생각으로 주저하다가 시간이 흘러갔다. 그래서 저 글이 처참한 저 상태로 지금도 '박제'되어 있다. 하지만 내 글을 내가 고쳐달라고 하지 않으면 이걸 누가 굳이 고쳐줄까? 이제 너무 시간이 지나서 정말 엎지른 물을 주워담을 수 없다. 그저 저 글을 볼 때마다 한숨이 나올 뿐이다.

"하늘은 스스로 돕는 자를 돕는다."고 했다. 나는 나이를 먹을수록 이 말이 대단한 진리라고 절감하고 있다. 정말 몰라서 틀릴 수도 있고 바쁜 나머지 정신이 없어서 실수할 수도 있다. 슬프지만 독자도 이 오류가 실수로 인한 것인지 무성의해서 방치된 것인지 감을 잡는다. 자기 나름대로 최대한 고치고 다듬으려고 했는데 약간 허점이 있는 글이라면 중요한 건 결국 메시지이니까 양해하고 넘어갈 수 있지만 남에게 읽으라고 글을 쓴 당사자가 최소한의 성의도 보이지 않는 글을 양해하면서 봐줄 독자는 없다.

나는 여러 해 동안 강의를 하면서 "내가 틀릴 수 있다."는 사실을 혹독하게 배웠다. "국립국어원 어문 규정이 너무 자주 바뀌어서 어쩔 수 없었다."는 말이 변명에 지나지 않는다는 것도 배웠다. 그나마 인터넷에서 쉽게 확인할 수 있다는 걸 다행으로 여겼는데 그렇다고 내심 부끄럽지 않은 것은 아니었다. 내가 맞다고 바득바득 우기지만 않았어도 덜 민망했을 것이다.

가끔 번역서를 출판하기도 하는데 번역 과정에서 가장 많이 하는 것이 국어사전을 검색하는 일이다. 가끔은 내가 정말 한국어를 모국어로 하는 화자가 맞는 건지 궁금할 지경이다. 이 단어가 내가 알고 있는 그 뉘앙스였는지, 이 단어와 호응하거나 자주 나오는 서술어가 이게 맞는지, 이 단어는 외래어 규정에 맞게 어떻게 표기해야 하는지, 이 원어는 우리 사회에서 보통 어떤 번역어를 상용하는지 모두 검색을 해서 직접 확인을 하게 되면 그때마다 내가 그동안 무엇을 잘못 알고 있었는지도 알 수 있다. 나는 그런 것이 내 글을(또는 내가 번역한 책을) 읽는 독자에게 내가 그나마 할 수 있는 최소한의 성의라고 생각하고 있다.(물론 교정을 그렇게 해도 실수는 나온다.)

의외로 나는 외국어 남용에 대해서도 그렇게 큰 문제의식은 없다. 외국어를 쓰지 말고 순수 우리말로 최대한 순화해야 한다는 주장에도 별로 동의하지 않는다. 다만 나는 외국어 남용이 한국어를 망쳐서 문제가 된다기 보다는 해당 언어가 가지는 권위와 이것으로 독자가 느낄 감정 차원에서 문제가 된다고 생각한다.

외국어 남용의 폐해는 보통은 예전에는 한자, 지금은 영어의 남용이다. 예전 세대에게는 한자 사용은 교양을 보여주는 일환이었다. 그런 의미에서 한자는 남용하는 게 문제가 아니라 자신의 교양을 드러내기 위해 썼으면서 잘못 쓰는 게 문제이다. 지금은 그렇지 않지만 여러 단어 중에서 굳이 어려운(글쓰는 본인도 잘 모르는) 한자를 선택한 사람에게 지적인 허영심이 전혀 없다고 보지는 않기 때문이다. 그렇지만 그 단어가 가진 본래 의미를 제대로 알고 있지 못하다면 글쓴이가 원했던 의도를 달성하기 어려울 것이다.

영어도 마찬가지이다. 지금도 영어는 누구나 잘하고 싶은 외국어이다. 한자는 틀려도 쓰는 사람이 그렇게 부끄러워하지 않지만 영어는 스펠링 하나만 틀려도 놀림거리가 된다. 누구나 잘하고 싶은 언어이기 때문에 틀리는 경우는 별로 없다. 대신 남용한다. 영어를 잘 쓰는 내가 그럴싸하게 보이기를 바라기 때문이다. 자기 글의 독자의 범위가 명확하게 제한되고 그 범위 안에 있는 독자들이 글쓴이가 영어를 남용하더라도 아무런 느낌이 없다면 상관없다. 문제는 우리 사회에 영어를 잘하고 싶은 마음으로 가득한 사람들이 많다는 것이다. 그 말은 실제로는 영어를 그렇게 잘하지 못하는 사람이 많다는 이야기이기도 하다. 어린 시절이나 젊은 시절에 영어를 접하지 못한 세대도 많고 누구나 의무교육을 이수했다고 그렇게까지 영어를 잘하는 것도 아니다. 애초에 공부 자체에 뜻이 없는 사람들도 많다. 영어를 잘하지 못하는 것이 잘못은 아니다. 영어를 잘하지 못하는 나는 당연히 영어 단어로 가득한 글을 보는 것이 불편하다. 의미를 몰라서 불편하고, 나 자신의 부족함을 느껴야 하는 것도 불편하고, 여기가 한국이고 우리말로 쓸 수도 있었는데 굳이 영어 단어를 썼다는 사실도 불편하다.

내가 영어를 남용한다는 의식이 없이 그냥 자연스럽게 그런 글을 쓸 수는 있겠지만 결과적으로 보면 그저 소통의 문제일 뿐이니까 옳고 나쁜 문제가 아니라 내 글의 독자 범위를 줄이는 결과를 낳을 것이다. 독자로서는 어떤 종류든 불편한 글은 읽고 싶지 않을 것이기 때문이다.

내 글에 나타난 내 모습이 어떤 이미지일지는 내가 선택할 문제이다. 어문 규정은 사회적 약속이므로 지켜야 하지만 지키지 않는다고 해서 처벌을 받는 것도 아니므로 실제로는 각자가 알아서 할 문제이다. 그렇지만 글쓴이가 생각하는 것처럼 그렇게 멋진 느낌만 주는 건 아니라는 점을 말하고 싶다. 자기 자랑은 처음에는 민망한 정도이지만 마지막엔 후회밖에 남는 게 없다.

비속어, 은어도 나는 이것이 바람직한 문제라기보다는 내 글의 독자를 어디까지 넓힐 것인가를 스스로 선택하는 문제라고 생각한다. 우리는 적절한 시점과 상황에서 쓰는 비속어가 얼마나 재치있고 통쾌한지 경험한 적이 있다. 가끔은 은어 같은 것이 어떤 집단의 결속력을 은근히 높여준다는 것도 알고 있다. 다만 말하는 상황은 말한 뒤에는 흔적 없이 사라지는 그 특유의 휘발성 때문에 글쓰기에 비해 비교적 제약이 적다. 그 말은 말하는 상황에서는 내 말을 듣는 청자도 확실하게 정해져 있기 때문에 화자와 청자 둘이 만족하면 그만이라는 것이다. 그러나 글쓰기는 시간의 제약도, 공간의 제약도 넘어서기 때문에 청자에 비해 독자는 그 수가 훨씬 많고 훨씬 다양하다. 이렇게 확대된 잠재 독자 중에서 나는 내 글의 독자를 어느 선까지 포함할 것인

가. 내가 글에서 사용하는 표현이 무난하면 무난할수록 그 범위가 더 넓을 것임은 말할 나위도 없다.

또 내가 요즘에 말하기나 글쓰기에서 절감하는 것은 우리 사회에서 이제 내용보다 그 표현방식을 더 중요하게 여기고 있다는 점이다. 결국 '수사(레토릭)'와 '태도(애티튜드)'가 답일까? 말을 논리적으로 하는 것보다 '말을 예쁘게 하는 것'이 말을 잘하는 것이라고 생각하는 사회 분위기도 어느 정도는 이해는 간다. 같은 말이라도 어떤 식으로 표현하느냐에 따라서, 또 어떤 어조나 태도로 하느냐에 따라서 듣는 사람에게 얼마나 다르게 다가가는가를 나도 체감하고 있다. '말을 예쁘게 하는 것'도 듣는 사람을 최대한 고려하는 말하기라고 볼 수 있을지도 모르겠다. 다만 현실에서는 모든 것이 이상적으로만 나타나지 않기 때문에 말의 내용과 표현 중에서 어느 한쪽에 무게를 두어야 하는 순간도 분명히 있을 것이다. 말을 예쁘게 하는 이유가 상대에게 상처를 최대한 주지 않기 위해서라면 그 비슷한 예를 완곡 어법에서 찾을 수 있다. 하고 싶은 말을 직설적으로 하면 상대가 상처를 받거나 기분 나빠할 수 있으니까 쓴소리일수록 돌려 말할 텐데 이렇게 조심하면 할수록 의미가 흐릿해진다. 그래도 듣는 사람을 기분 나쁘게 할 바에는 차라리 침묵을 택하는 것도 나쁘지 않다.

그런데 이런 '말 예쁘게 하기'가 글로도 확대 적용되는 것 같다. 학생 과제에 대한 피드백을 하기는 해도 내가 일반인 독자 전체를 대변하기는 어려우니까 좀 더 많은 독자들의 논평이 있었으면 좋겠다는 생각으로 동료 논평을 하게 할 때가 있다. 이런 동료 논평의 목적이 해당 글의 완성도를 높이는 것에 있다고 강조함에도 불구하고 결과는 내 기대와 번번이 어긋났다. 좋은 글을 읽을 수 있어서 고맙다는 뜻밖의 감사 인사나 글이 훌륭하다는 찬사로 가득 찬 일명 '선플' 일색으로 논평이 달리는 이유를 이해하지 못하는 것도 아니다. 자신의 글도 누군가 논평을 하니까 그렇겠지만 어쩐지 이런 자리에서는 누군가를 비난하는 사람이 되고 싶지 않다는 심리도 작용하고 있을 것이다.

물론 나도 최대한 온화한 표현을 쓰고 최대한 친절한 태도를 보이는 것이 현실적으로 얼마나 유리한지 잘 알고 있다. 특히 과제 첨삭에서는 평가를 받는 학습자와 평가를 하는 교수자 모두 불편한 상황일 수밖에 없기 때문에 나도 의도하지 않은 상처를 줄까 봐 전전긍긍하고 있다. 날이 갈수록 작고 사소한 일에도 상처받았다는 경험담도 늘어난다. 그러니 조심하게 되고 조심할수록 너무 노골적인가 싶은 내용을 삭제하는 '자기 검열'도 강화된다. 이렇게 서로 공손하고 조심스러울 때 별로 좋지 않은 결과는 '내용은 텅 빈' 메시지를 주고 받는 것으로 끝나는 것이 아닌가 싶기도 하다. 이것도 우리 사회에서 필요한 덕목을 우리 각자가 알게 모르게 실천한 결과라고 봐야 할 것이다. 내가 전하고 싶은 내용을 어느 정도까지 표현하면 좋은 것일까. 무관심과 예의바름, 솔직함과 무례함 사이 그 어느 즈음에서 고민을 거듭하는 것은 필요하면서도 심적으로 무척 힘든 일이다. 그렇지만 오히려 이런 고민을 하는 지금이 지나치게 솔직해서 서로가 상처투성이로 남았던 예전보다는 훨씬 낫다고 생각해야 하는 건지도 모르겠다.

이 책에 나온 글의 출처

- 「그곳에 가면 만날 수 있을까」,『하루한시』, 샘터, 2015.
- 「평양의 풍요-모든 물건들은 이곳으로 오라, 18세기 평양의 번영」,
  『18세기, 세계 도시를 걷다』, 2018. 6. 8.
- 「조선시대 평양으로 떠나는 하루 여행」,『웹진담談』54호, 2018. 8.
- 「학술을 만드는 '사람들'」,『대학지성 In&Out』, 2021.12.6.
- 「박엽에 대한 기억의 변화 재론」,『국문학연구』45, 2022.
- 「'번역도 하는' 연구자」,『대학지성 In&Out』, 2023.2.19.